Charlotte Ueckert
Hamburgerinnen

Charlotte Ueckert

Hamburgerinnen

Eine Frauengeschichte der Stadt

Die Hanse

Bibliografische Information der Deutschen Nationalbibliothek
Die Deutsche Nationalbibliothek verzeichnet diese Publikation in der
Deutschen Nationalbibliografie; detaillierte bibliografische Daten sind im Internet
über http://dnb.d-nb.de abrufbar.

© Die Hanse | EVA Europäische Verlagsanstalt, Hamburg 2008
Umschlaggestaltung: Qart, Hamburg
Satz: Johanna Boy
Druck: Westermann Druck Zwickau
Printed in Germany
Alle Rechte vorbehalten
ISBN 978-3-434-52581-3

Informationen zu unserem Verlagsprogramm finden Sie im Internet unter
www.die-hanse.de

Inhalt

LEIDENSCHAFTLICHE HAMBURGERINNEN

Um gleich mit der schwierigsten Frage, die diese Zusammen-
stellung aufwirft, zu beginnen: Welche Kriterien liegen meiner
Auswahl von »Hamburgerinnen« zugrunde? Und wer war oder
ist überhaupt eine Hamburgerin? Nicht die Gebürtigkeit war für
mich ausschlaggebend, einige der Frauen, die ich vorstelle, sind
nicht in Hamburg geboren, aber haben hier gelebt und gewirkt.
Es gibt auch nicht *die* Hamburgerin, die jeder überall auf der
Welt kennt, doch viele, die bekannt sind und etwas geleistet
haben, viele, über die es sich lohnt, etwas zu erfahren.

Die vorliegende Auswahl ist in jede Richtung erweiterbar. Auf
einige interessante Frauen habe ich mit Bedauern verzichtet:
weil sie nur kurz in Hamburg weilten, wie die Königin Christina
von Schweden, die hier zwei Jahre bei Verwandten ihres Finanz-
beraters Teixeiras lebte, Jahre, in denen sie abwartete, ob sich
noch einmal die Chance für einen politischen Einfluss bieten
würde, nachdem sie in Schweden auf den Thron verzichtet hatte
und ins katholische Rom gezogen war. Oder wie Johanna Schopenhauer, deren Ehemann hier als Kaufmann tätig war, die aber
ihre immerhin 13 Hamburger Jahre meist reisend verbrachte
und als Witwe Hamburg schnell verließ. Erst im kulturell aktive-
ren Weimar fand sie zu der ihr gemäßen Form zu leben. Oder die
Nietzsche-Freundin Malwida von Meisenbug, die zwei Jahre an
der kurz zuvor in Hamburg gegründeten ersten Hochschule für
Frauen studierte und lehrte. Auch gebürtige Hamburgerinnen
wie die Komponistin Fanny Mendelssohn-Hensel, die schon als

Kind Hamburg verließ, habe ich nicht mit aufgenommen. Oder Hamburg-Flüchtige, die die Stadt nach Abschluss der Schulausbildung verließen, um an anderen Orten ihre Karriere aufzubauen, wie die Literaturwissenschaftlerin Käthe Hamburger oder die Psychoanalytikerin Karen Horney. Stattdessen stellte ich mir die Frage: Wer kam und blieb, wer wurde geehrt (und möglicherweise wieder vergessen) oder auch: Wer eroberte sich seinen Platz, im Öffentlichen wie im Privaten, und was verband diese Frauen mit Hamburg, was machte ihnen die Stadt so besonders und was haben sie der Stadt hinterlassen?

Auf andere, deren Lebensweg ich ebenfalls gern geschildert hätte, habe ich verzichtet, weil an anderer Stelle bereits viel über sie geschrieben wurde, wie über das abenteuerliche Leben der Prinzessin von Sansibar, die als Emily Ruete die Frau eines Hamburger Kaufmanns wurde. Oder über die Schauspielerin Ida Ehre, immer noch hoch geehrt in der Stadt, oder Elsbeth Weichmann, die ebenfalls in verschiedenen Veröffentlichungen gewürdigt wurde. Das gilt zwar auch für Ida Dehmel, aber die Beschäftigung mit ihr war für mich im Laufe der Zeit mehrfach gegeben und ihre Persönlichkeit ist denn auch so reizvoll, dass ich nicht auf sie verzichten mochte. Ähnlich ging es mir mit Margarete Susman, die Hamburg zwar schon als Kind verließ, deren bewegtes Schicksal mich jedoch festhielt. Ihre Verbindung zur Hansestadt schildert sie in ihren Erinnerungen als eine ganz besondere. Auch ihre letzte Begegnung mit Hamburg kurz vor der Emigration kennzeichnen einen Wendepunkt in ihrem Leben.

Es blieben Frauen, die durch ihre offene Art, Gefühle zu zeigen, mitreißen: Meta Moller als zärtliche Ehefrau mit eigenständigem Denken. Margarethe Milow als Hausfrau mit ergreifendem Schicksal, Ida Dehmel, ebenfalls eine große Liebende. Amalie

Dietrich, die Wissenschaftlerin, die früh ihre ganze Kraft in ihren Beruf steckte, Künstlerinnen wie Gretchen Wohlwill, die mit Lust und Begeisterung ihre ästhetisch-gestalterischen Ziele verfolgten. Oder Frauen, die leidenschaftlich für eine Idee eintraten, wie Marion Gräfin Dönhoff und Dorothee Sölle, welche schließlich den Bogen in die Jetztzeit spannen, in der Frauen immer mehr Einfluss für sich gewonnen haben.

Warum überhaupt ein Buch über Hamburgerinnen? Meiner Meinung nach bietet es sich an, in einer »Männerstadt« wie Hamburg, dominiert von Kaufleuten und Reedern, ein besonderes Augenmerk auf die Frauen zu legen. Ihr Einfluss mag auf den ersten Blick nicht greifbar sein, da nicht ins Öffentliche drängend, aber gerade daher ist eine Spurensuche so interessant – vieles Verborgenes, überraschend Nahes und die Zeit Überdauerndes kommt zum Vorschein.

Es gibt bereits eine Reihe engagierter Frauen, Literaturwissenschaftlerinnen, Historikerinnen, die biographisch zur Frauengeschichte Hamburgs gearbeitet haben, die sich beispielsweise der Spuren von Frauen in Straßennamen und Bezeichnungen von Plätzen angenommen haben, wie die Historikerin Rita Bake, der zusammen mit Brita Reimers auch ein Buch über die Frauengräber auf dem Friedhof Ohlsdorf zu verdanken ist, sowie das topographisch geordnete Frauenlexikon »So lebten sie!«.

In einer Kaufmannsstadt spielen Frauen eher eine Randrolle als in einer kulturellen Residenz. Das hat gerade eine Frau wie Johanna Schopenhauer bewiesen. Vielleicht geben einige der Porträts eine Antwort darauf, wo Hamburgs weibliche Züge liegen könnten. Brückenschläge könnten es sein, Gegensätze Verbindendes. Ein eigenständiger Stolz gegenüber handeltreibenden Männern, dem Markt unmittelbar Unterworfenen. Die

Frauen in der Gegenwart haben sich inzwischen in Männerpositionen behauptet: wie Angelika Jahr als Verlagschefin, Dorothee Sölle als Theologin oder Carola Zehle, die einem der größten Logistik-Unternehmen des Hafens vorsteht. Sicher ist meine Auswahl sehr subjektiv und lässt viele Fragen offen. Das Bild der »Hamburgerinnen« kann denn auch kein vollständiges sein, aber ist hoffentlich doch ein informatives. In jedem Fall eines, das die Lebenskraft und -fülle dieser Frauen beweist, Frauen, die sich allem hanseatischen Dünkel zum Trotz auf erstaunliche Weise in ihrer jeweiligen Zeit behauptet haben.

Meta Klopstock, geborene Moller

META KLOPSTOCK, GEBORENE MOLLER
(1728–1758)

Meta Moller hat ganze Bündel von Briefen hinterlassen. Wie so viele private Schätze jahrhundertelang aufbewahrt in Familienarchiven. Briefe, Tagebücher, Lebenserinnerungen waren zu ihrer Zeit die Formen literarischen Schreibens von Frauen. Ihren berühmten Briefpartnern Klopstock, Schiller oder Brentano, die Tragödien, Romane und Gedichte schrieben, die heute in Lesebüchern stehen, waren sie adäquate Partnerinnen. Jedenfalls zeugen die Briefe, die Meta Moller an ihren Bräutigam Friedrich Gottlieb Klopstock von Hamburg nach Kopenhagen schickte, von ihrer wunderbaren Gabe, anschaulich und emotional ergreifend über ihr Leben zu berichten. Immer wieder tauchen neue Zeugnisse von weiblichen Schreiberinnen auf, die nicht nur historisch interessant sind, sondern auch literarischen Wert besitzen. Dazu gehören die berühmten Memoiren der jüdischen Kaufmannsfrau Glückel von Hameln, welche sie kurz nach dem Tod ihres Ehemannes begann, dessen Geschäfte sie erfolgreich fortführte. Für ihre Nachkommen entwarf sie ein genaues Bild ihres Lebens im Hamburg des 17. Jahrhunderts. Zu den aus Archiven gehobenen Schätzen gehören ebenfalls die Briefe Meta Mollers, die hundert Jahre später, in der Mitte des 18. Jahrhunderts, ein Bild über das private Leben dieser Hamburgerin mit einem literarischen Genie wie Klopstock übermitteln. Dem Leser ergeht es bei der Lektüre der Briefe so wie der älteren Schwester Metas, Elisabeth Schmidt, die in einem Brief nach Kopenhagen, wo Meta einen Teil ihrer Ehezeit verbringt, schreibt: »Du warst doch wahrlich von der Natur bestimmt, eine Autorin zu werden, u da du es nicht seyn woltest, so mustest du den doch eines Autors ... Frau werden. Ja zur Dichterin bistu geboren ... Hätte ich Zeit ich (wollte) wohl 1000 Stellen aus deinen Briefen anführen.«

Als der Nachlass Klopstocks 1950 von der Staats- und Universitätsbibliothek Hamburg angekauft wurde, entdeckte man darin auch die Briefe Metas, von denen man geglaubt hatte, sie wären verschollen. Klopstock hat geäußert, die meisten ein paar Stunden nach Metas Tod 1758 verbrannt zu haben. 1956 veröffentlichte der damalige Staatsbibliotheksdirektor Hermann Tiemann die Briefe, 1962 erfolgte eine erweiterte Neuausgabe, da die erste Auflage schnell vergriffen war.

Nachlässe. Was alles mag in diesem Nachlass ruhen! Noch heute sind die Hausschuhe von Meta Klopstock für die Mitarbeiter der Staatsbibliothek ein rührendes Andenken an sie.

Ich möchte ihr Leben so darstellen, wie ich es aus ihren Briefen herauslese, und sie als eine Frau der Mitte bezeichnen. Die Mittlere auch der wichtigen Frauen in Klopstocks Leben. Er liebte eine unmittelbar vor ihr und eine andere Jahrzehnte nach ihr.

Meta Moller war eine realistische, gescheite Person, fest verankert in ihrer Welt zwischen Aufklärung und Empfindsamkeit. Ein inniger, schwärmerischer Ton in ihren Briefen wechselt mit Schilderungen des Alltags. Meta Moller ist eine Vorläuferin der großen Briefeschreiberinnen der Romantik, der Caroline Schlegel-Schelling, Dorothea Veit, Rahel Varnhagen und Bettina von Arnim, als Schreibende dieser kleinen, alltagsnahen und auf Beziehungen konzentrierten Form verpflichtet, die für etwa zweihundert Jahre eine Hochkultur bildete und heute als E-Mail allenfalls elektronische Spuren hinterlässt. Die Autographen der Briefschreiberinnen von damals erzielen jetzt enorme Summen, in hohen Auflagen publizierte Briefausgaben zeigen detailliert ihren Gefühls- und Gedankenaustausch, während von gegenwärtigen Schreiberinnen wohl kaum mehr als eine eigenhändige Unterschrift unter Verträgen oder als eine Signatur in Büchern erhalten bleiben wird.

Zur Zeit Klopstocks hatte die bisher übliche, von Eltern gestiftete Konvenienzehe in aufgeklärten Kreisen ausgedient. Jungen Mädchen aus gebildeten Ständen schwebte das Recht auf freie Wahl und Liebe in der Ehe als Ideal vor. Sogar die Vorstellung von der Unauflöslichkeit der Ehe bekam Risse, es gab erste Scheidungen, die von Frauen betrieben wurden, meist wenn sie, wie Dorothea Veit, für einen geliebten Mann frei sein wollten. Sicherlich war es schon früh im Bewusstsein Meta Mollers verankert, wie wichtig es für sie und ihr Gefühlsleben sein würde, den richtigen Mann zu heiraten. Dabei war sie auf die Vermittlung von Verwandten und Freunden angewiesen. Wie sonst hätte ein junges Mädchen, deren Wirkungskreis auf das Haus beschränkt war, jemanden kennenlernen können. Die Verwandten waren in der Regel unermüdlich dabei, Verbindungen zu planen und Treffen zu arrangieren, wenn sie es für passend hielten. Immer mit der Hoffnung, Liebesfunken zu erzeugen. Auch die Begegnung zwischen Meta Moller und Klopstock war arrangiert. Meta verehrte ihn schon vorher leidenschaftlich als Dichter wie ihre Verwandtschaft und das gesamte gebildete Hamburg. Alle waren erschüttert über die vergebliche Liebe Klopstocks zu Fanny, nachzulesen in ergreifenden Gedichten, und wünschten ihm endlich eine Liebeserfüllung. Nikolaus Dietrich Giseke, ein Jugendfreund Metas und Studienfreund aus Klopstocks Leipziger Zeit, beschwor ihn, in Hamburg eine Verehrerin zu besuchen. Als Klopstock 1751 über Hamburg nach Kopenhagen reist, wo er für ein festes Gehalt den »Messias« am Hof des dänischen Königs Friedrich V. vollenden soll, macht er Station bei einem anderen Freund, der mit einer Schwester Metas verheiratet ist. Dort wird er der Literaturliebhaberin vorgestellt. Minutiös hat Meta diese erste Begegnung beschrieben. Sie ist sofort von ihm ebenso hingerissen wie von den Gesängen des »Messias«: »... ich stellte mir doch auch nicht vor dass der Verfass: des Mess: so süß aussähe u so bis zur Vollkommenheit schön wäre ...«, schwärmt sie. Und bemerkt kokett: »Er stutzte auch.« Und sie spürt das aufgeregte Zittern bei ihm. Schon bei einem der nächsten Besuche ist sie sich sicher: »er tändelt Liebe«.

Dabei ist Klopstock in seinen Empfindungen noch gar nicht frei. Jahrelang hat er sich nach seiner Cousine verzehrt, die er in den Oden an Fanny besungen hat. Freunde und Leser haben an der unerwiderten Liebe mitgelitten. Fanny wird ein häufiges Gesprächsthema zwischen Meta und Klopstock, die sich nach einem ersten Besuch brieflich näher kommen und kaum erwarten können, sich wiederzusehen. Aber noch dauert es mehr als ein halbes Jahr, bis er von Fanny innerlich frei ist. Im April lernt er Meta kennen und noch im Oktober schreibt er traurige Liebesbriefe an Fanny. Meta, die unbegreiflich altruistisch seine Liebeskrankheit noch duldet, erfährt, dass er oft von Fanny träumt, aber auch, dass er sich schon fast von ihr gelöst hat. Im Dezember schreibt er: »Mein Herz hat sich in Betrachtung Fanny ein wenig verändert.« Aber zur gleichen Zeit beklagt er sich bei dieser, dass sie ihn so lange vergeblich auf ihre Briefe warten lässt. Doch endlich liest Meta, dass er sie mehr liebt, als er Fanny geliebt habe. In einer seiner Oden, »Der Verwandelte«, beschreibt er die Liebe, die entflieht, und dann wiederkehrt. Plötzlich ist er frei von der jahrelangen Liebesqual: »O wie staun' ich mich an, dass ich itzt wieder bin, / Der ich war! wie entzückt über die Wandlungen / Meines Schicksals«. »Cidli« nennt er Meta im Gedicht und behauptet erst durch sie die Liebe gelernt zu haben – und das geschieht durch Worte, ein Beweis mehr, dass die Liebe im Kopf entsteht, wenn die Worte ins Herz treffen. Ihr Lehrmaterial sind ihre Briefe: mal schalkhaft, mal ernst, fordernd und reagierend, manchmal keck. Sie zeigt sich, verbirgt sich, bleibt aber immer zugewandt, selbst im Zorn: »Wann habe ich Ihnen denn einen kaltsinnigen Brief geschrieben, mein süßer Klopstock? Wirklich, diese Beschuldigung kränkt mich recht. Ich habe niemals kaltsinnig an Sie gedacht, so habe ich auch nicht kaltsinnig schreiben können. Sie mögen ihn wohl mit einem kaltsinnigen Herzen gelesen haben. Und es kommt mir fast so vor, als wenn Ihr Herz auch so bey Ihrem letzten Brief beschaffen gewesen ist.«

»Kaltsinnigkeit« und Missverständnisse gibt es immer wieder in der Korrespondenz. Es ist für beide nicht einfach, zeitlich versetzt zu schreiben, also die Antwort auf einen Brief zu schreiben, in dem ein Besuch verschoben wird, während der nächste zärtliche schon unterwegs ist, der die Ankunft anzeigt. Klopstock weiß um die Besonderheit der Briefe Metas: Er schreibt seinem Schweizer Freud Johann Jakob Bodmer: »Ich habe solche Briefe noch nicht gesehen, worinn soviel Natur im eigentlichsten Verstande, und zwar soviel gute Natur gewesen wäre.« Sie gibt sich Mühe mit ihren Briefen, macht sie »aus einer närrischen Ursache noch wunderlicher«. Meta stellt sich vor, dass ein Enkel einmal die Briefe findet, und wenn sie »nur« natürlich und spontan sind, nicht würdig genug findet, sie zu drucken. Wir Leser sind keinesfalls sicher, ob nicht doch ein wenig Koketterie mitspricht. Denn auch wenn die Briefe mit

Sicherheit nicht zur Veröffentlichung bestimmt sind, so wird doch der spätere Leser mitbedacht, das bringt schon die Bedeutung der Korrespondenzpartner mit sich. Was auffällt, ist Metas Mut, nicht das ja sagende Weibchen zu spielen, sondern durchaus auch unbequem zu sein. Und das, obwohl sie nur auf den bezwingenden Charme ihres Geistes rechnen kann, denn eigentlich hübsch ist sie nicht, wenn man von überlieferten Porträts ausgeht. Klopstock rühmt ihr Gesicht als ausdrucksvoll, aber schreibt ausdrücklich »nicht schön«. Ihre schlanke Taille bezaubert ihn mehr als die hohe Stirn.

1752, bei ihrem Wiedersehen, feiern beide Verlobung. Dabei ist Klopstock für Metas Vater nicht unbedingt der geeignetste Ehekandidat. Die Pension, die er beim dänischen König bezieht, macht ihn nicht reich. Klopstocks finanzielle Lage war es ja, die ihn zum Hauslehrer bei seinen reichen Verwandten degradiert hatte, und natürlich kam er als Ehemann für seine Cousine Maria Sophia Schmidt, der »Fanny« seiner Liebesoden, gar nicht in Frage. Die wurde später mit einem Bankier verheiratet. Aber Meta konnte auf die Verehrung als Dichter bauen, die Klopstock entgegenschlug, außerdem gewährte die Pension, die der dänische König Klopstock seit 1750 verlieh, ihm eine, wenn auch bescheidene Unabhängigkeit. Man verzieh ihm sogar ein nachlässiges Äußeres und ungeniertes Auftreten.

Die Brautjahre Metas mit Klopstock sind geprägt durch den Rhythmus von Abschied und Wiedersehen. Klopstock in Kopenhagen, Meta in Hamburg. Heute in fünf Stunden Zugfahrt zu erreichen. Damals konnte die Reise mit Schiff, Kutsche oder zu Pferde lange dauern, oft waren Zwischenübernachtungen nötig, weil zu viel Sturm war und kein Schiff sich hinauswagte. Wind und Wellen werden in den Briefen ebenso ängstlich beschworen wie die Sehnsucht. Während Meta in den ersten

Briefen noch Abschriften von Oden an Fanny lesen muss und die seltenen Briefe ihrer Vorgängerin als Zeugin des vergeblichen Liebesschmerzes Klopstocks kommentiert, sind es schon bald stürmische Liebesbeteuerungen und ebenfalls Gedichte, die der ferne Verlobte an sie, »Cidli«, richtet. Nicht nur in den Hexametern des »Messias«, auch in den freien Rhythmen seiner Oden ist Klopstock ein heute unterschätzter Sprachschöpfer. Er ist in Deutschland einer der Ahnherren der freien Lyrik, die sich nicht an Reime gebunden fühlt, sondern sich aus dem Rhythmus der Sprache aufbaut.

Schon eine Elegie von 1748, dem Jahr, in dem er seine Hauslehrertätigkeit im reichen Elternhaus von Fanny in Langensalza begann, spricht von Meta, obwohl Klopstock sie damals gar nicht kannte. »Die du künftig mich liebst (wenn anders zu meinen Tränen / Einst das Schicksal erweicht eine Geliebte mir gibt!)« Endlich ist Liebeserfüllung da, er, der Fanny wenigstens um Freundschaft angefleht hatte, ja sich auf die Forderung nach »Menschlichkeit« berufen hatte – »Von meiner Angst voll, bitt ich nur Menschlichkeit!« –, schwelgt nun vom Liebesglück verwandelt: »Darum liebe mich, Cidli / Denn ich lernte die Liebe dir! / Dich zu finden, ach dich, lernt' ich die Liebe«. Die unausgesprochene Frage der Freunde, die jahrelang mit ihm gefühlt hatten, stellt und beantwortet er in einem Brief an Bodmer: »Wo ist denn Fanny geblieben? werden Sie sagen.« Vor dem ersten Wiedersehen mit Meta war auch er überzeugt, dass es niemals möglich sei, dass die Liebe zu Fanny verschwindet. Aber jetzt berichtet er stolz von der Begegnung mit Meta/Cidli – denn in Gedichten hat Bodmer schon von ihr gelesen. Liebe lernen? Geht das? Vielleicht, wenn so wie hier Freunde überzeugt sind, so wie früher die Eltern, dass zwei zueinander passen und diese dann zusammenbringen? Es wäre auch nicht das erste Mal, dass jemand eine frustrierende Beziehung aufgibt, weil sich andere Perspektiven ergeben. Hier ist es geglückt. Allerdings gab es auch Freunde, die über das Erlöschen der vergeblichen Leidenschaft enttäuscht waren. Christoph Martin Wieland schreibt Klopstock nach der Verlobung: »Ich kann nicht glauben, dass Sie sich sollten so lang und so sehr haben selbst hintergehen können oder vielmehr dass die Natur Sie sollte so sehr hintergangen haben, da sie Ihnen so ungemeine Empfindungen für Fanny einpflanzte ... eine Liebe von der man ohne Hyperbole sagen kann, sie sey stark wie der Tod. Ich sehe mich also genötigt hier etwas unbegreifliches anzunehmen und zu glauben, dass wenigstens in der Auferstehung diese zwoo Seelen die die Natur einander bestimmte, sich erkennen werden.« Der Schriftsteller Wieland verwechselt hier unzulässigerweise Fiktion und Realität im Werk eines Kollegen. Wie fest die Klopstock'sche Fannyliebe bei seinen Freunden verankert war, zeigt ein Brief seines Freundes Johann Wilhelm Ludwig Gleim, der einem Freund berichtet, dass er auf Klopstock böse sei, dass dieser seine »Fanny« lieber hätte als ihn, und dabei verwechselt er die beiden Frauen Fanny und Clärchen, wie Meta auch genannt wird, nach dem Roman »Clarissa« von Samuel Richardson, der zum Freund der Familie wurde. An ihn schreibt Meta Briefe, die Gelegenheit geben, ihr perfektes Englisch zu bewundern. Sie ist sprachgewandt und gebildet, eine ideale Dichtergattin.

Nach der Verlobung geht alles seinen bürgerlichen Gang, Familie und Freunde werden wie vorher ausführlich in das Glück eingeweiht. Meta findet sich in ihrem »vertraulichen ... Umgang der Ehe sehr nahe gekommen«, kann sich aber doch noch nicht richtig vorstellen, wie es ist, verheiratet zu sein, wie sie ihrer Freundin Johanna Giseke schreibt, die ein Jahr vor ihr geheiratet hat. Am 2. Juni 1754 kommt Klopstock aus Kopenhagen angereist, Meta fährt ihm in einem Wagen entgegen und beide fallen sich mit Liebesschwüren um den Hals. Klopstock scherzt, dass Meta ein fettes Mädchen geworden ist, und die Schwester kommentiert, dass die Verlobung Meta gut getan hat. Am 10. Juni werden sie in St. Petri getraut und bevor sie nach Kopenhagen aufbrechen, besuchen sie die Eltern Klopstocks in Quedlinburg. Endlich am Ziel, wird Klopstock schwer fieberkrank, und Meta bittet die Schwester, ihrem Mann »China« zu schicken, wohl Chinin. Im Oktober reisen sie nach Kopenhagen, wo sie bis August 1757 leben. An die Verwandten in Hamburg schreibt Meta in dieser Zeit ausführliche Briefe, immer in Sorge und zugleich großer Begeisterung für ihren Klopstock.

Im fernen Kopenhagen vermisst sie die Schwestern, all ihren Wunsch nach Mitteilung über den Fortgang von deren Lebensläufen legt sie in ihre Briefe. Wenig verheimlichen die Schwestern voreinander, nicht die zärtlichen Gefühle für ihre Ehemänner und nicht einmal Todesahnungen. Meta schreibt von ihren Träumen, in denen einmal sie, ein andermal die Schwester ihr in der Todesstunde beisteht: »Dieser letzte Traum war sehr schön. Ich starb, so wie ich wünsche zu sterben. Meine letzten Worte waren: Du sollst nicht weinen, ich käme ja zu meinem Gott und zu meinem Erlöser. Das letzte Wort konnte ich nicht aussprechen, und ich fühlte, wie ich verschwand.« Prophetische Worte. Noch ist Meta überzeugt, dass sie Klopstock überleben wird, sie leidet bei jeder Abwesenheit und kann nicht schlafen vor Ängsten »in meinem grossen Bette (wir haben das gröste im Lande, wie man sagt)«. Sie beschreibt, wie sie sich morgens in die Arme sinken, wenn sie aufwachen, immer voll des Glücks, dass sie beieinander sind. Aber eine Frau zu sein, eine glückliche Ehefrau, war damals lebensgefährlich.

Nach einem längeren Aufenthalt in Hamburg entschließen sich die Eheleute 1758, dass Meta nicht mit nach Kopenhagen reisen, sondern bei den Verwandten in Ruhe ihre dritte Schwangerschaft abwarten soll. Zweimal hatte sie schon Fehlgeburten, diesmal will sie sich schonen. Im Herbst wird Klopstock zurückkommen, um bei der Geburt des Kindes dabei zu sein. Noch einmal müssen Briefe die Entfernung vergessen machen, Briefe, in denen Meta sich überschwenglich sehnt und auf ihr Kind freut. Gleichzeitig aber denkt die Schwangere über den Tod nach. Sie möchte lieber leben als sterben, will sich aber Gott fügen:»Ich erstaune manchmal selbst über die Gelassenheit, die ich die ganze Schwangerschaft über gehabt habe, da ich doch so glückselig in dieser Welt bin! O was ist unsere Religion! ... Nun, Gott mag mir geben, was er will; ich bin immer glücklich, ein ferneres Leben mit dir – oder ein Leben mit Ihm!« Schon tröstet sie ihn, denn sie weiß, wie schwer es für Klopstock sein würde, ohne sie zu leben:»Du weist, ich hab immer gewünscht, die Nachbleibende zu seyn, weil ich wohl weiß, dass dieß das schwerste ist. Doch vielleicht will Gott, dass du es seyn sollst, und vielleicht hast du mehr Kräfte.« Von Brief zu Brief wird dokumentiert, wie sich Klopstocks Abreise von Kopenhagen verzögert, immer dringlicher werden die Mahnungen, schnell zu kommen. Ende September geht endlich das Schiff, Klopstock kann reisen. Aber es bleiben den Eheleuten nur zwei gemeinsame Monate. Am 28. November 1758 stirbt Meta bei der Geburt eines toten Sohnes, nach einem schrecklichen Kampf, vergeblichen Wehen und einer Operation. Klopstock beschreibt nach Metas Tod jedes Stadium der Geburt in einem eindringlichen Brief an seinen Freund Carl Friedrich Cramer. Es war wohl mehr oder weniger klar, dass sie die Operation nicht überleben würde. Dennoch starb sie friedlich, mit Gott versöhnt, ihre letzten Worte waren: »Du wirst mir folgen.«

Noch lange nicht. Bis 1770 bleibt Klopstock in Kopenhagen, nach dem Tod des königlichen dänischen Mäzens kehrt er nach Hamburg zurück. Wieder klingt in einer Ode Klopstocks das Motiv der Verwandlung an, unter dem Titel »Die Verwandelten« schreibt er: »Wartest du, Meta, dort auf mich? dort wart ich / Unseres Lieblings mit dir.«

Für Klopstock war Meta nicht nur die geliebte Frau, sondern auch eine geachtete Kollegin. 1759, ein Jahr nach ihrem Tod, gibt er ihre »Hinterlassnen Schriften« heraus. Auch in ihnen geht es um Liebe und Religion. In einem prophetischen fiktiven Brief an eine Tochter, der aus dem Jenseits (»Es ist schon lange her, dass ich starb. Es waren wenige Stunden nach deiner Geburt«) an diese als junge Frau gerichtet ist, mahnt sie die christliche Partnerwahl an. Dabei verrät sie eine psychologisch realistische Einschätzung der Eheführung, für die sie ihre eigene Ehe als Beispiel setzt.

Viele Jahre später, 1791, wird Klopstock noch einmal heiraten, eine inzwischen verwitwete Nichte Metas. Obwohl die Qualität seiner Dichtung nachlässt, wird er immer berühmter. Kaum ein gesellschaftliches Ereignis, zu dem er nicht geladen wird. Er selbst hat die »Lesegesellschaft«, einen privaten literarischen Zirkel, ins Leben gerufen. Heinrich Sieveking und Caspar Voght sind Kaufleute, die regelmäßig Treffen bei sich zu Hause veranstalten. Dort lesen und diskutierten die Dichter Klopstock, Gotthold Ephraim Lessing, Friedrich von Hagedorn, Matthias Claudius und Johann Heinrich Voß mit der liberal gesinnten Hamburger Gesellschaft, zu der auch der Pastor Julius Gustav Alberti gehörte, dessen Streit mit dem orthodoxen Lutheraner Johann Melchior Goetze ganz Hamburg erregt hatte. Auch in den zahlreich gegründeten Freimaurerlogen spielen die Dichter eine Rolle. So wurde Hamburg eines der geistigen Zentren der Aufklärung.

Als Klopstock 1803 stirbt, streut Hamburgs Bevölkerung Blumen, so wie er es in einem Gedicht hoffte. Selten wohl ist ein Dichter zu Lebzeiten derart vergöttert und bald darauf immer weniger gelesen worden. Das großartige Begräbnis Klopstocks in Hamburg-Ottensen ist in allen Geschichtsschreibungen Hamburgs verewigt.

Im Jahre 1820 wird der Grabplatz für die Ewigkeit vermessen: »Professor Schuchmacher, ein ausgezeichneter Astronom«, schreibt die Schriftstellerin Elise von Hohenhausen, »arbeitet jetzt daran, durch mathematische Messungen, einen Grad von Hamburg nach Skagen zu messen. Wenn dies geschehen, so ist die Stelle, wo Klopstocks Gebeine ruhen, so genau zu bestimmen, dass im Fall einer zerstörenden Elbüberschwemmung sie immer wieder gefunden werden könnte.« An dieser Stelle ruhte vor ihm schon Meta mit ihrem Kind im Schatten der Linden an der Christianskirche, im Volksmund »Klopstock-Kirche« genannt, nach ihm ebenfalls seine zweite Frau, und so vereint bilden sie eine der Sehenswürdigkeiten der Stadt. Ein dichterischer Nachfahr Klopstocks, Heinrich Heine, hat das Grab besungen: »Ich kenne keine Gegend, wo ein toter Dichter so gut begraben liegen kann wie dort. Als lebendiger Dichter dort zu leben, ist schon weit schwerer«, erinnert er an seine eigene Leidenszeit in Hamburg. Das Grab unter den Linden wird gehütet wie eine Reliquie und in »Klopstocktagen« wird jährlich an den Dichter erinnert, sogar mit Lesungen aus dem »Messias«. Dem Kirchenraum mit seinen Sternen im hohen Gewölbe gelingt es, das Lessing'sche Verdikt, man könne Klopstock nicht lesen, zu widerlegen: Hören kann man ihn immer noch und sich an dem hymnischen Pathos der wohlgesetzten Sprache erfreuen. Wer den Worten Gottes, der Seraphen, des Satans und denen von Jesus lauscht, welchen Klopstock in diesem Werk eine Stimme lieh, bekommt eine Ahnung, warum seine Dichtung damals ganz Deutschland wie im Rausch erfasste: als Hoffnung auf die Überwindung des Leidens dieser Welt und Eingang in eine höhere, bessere.

Margarethe Milow, geb. Hudtwalcker

MARGARETHE MILOW, GEB. HUDTWALCKER
(1748–1794)

Das Besondere der Lebenserinnerungen von Margarethe Milow, in denen es vor allem um Gefühle geht, eher spontan als literarisch ausgedrückt, liegt darin, dass sie von einer bemerkenswerten Empfindsamkeit sind, aber auch aus einem ganz praktischen Grund, nämlich dass sie aus dem 18. Jahrhundert hinübergerettet wurden und nicht wie viele andere private Aufzeichnungen verlorengegangen sind. Als einzigartiges Zeugnis einer gefühlvollen Frau verhilft sie heutigen Lesern zu einem Verständnis über jene Zeit, ähnlich wie vor ihr Meta Klopstock, geborene Moller, in den Briefen an ihren Bräutigam. Frauenleben, Liebesstreben, Überschwang – und Ergebenheit in das Schicksal, das manche Prüfung bereit hielt.

Margarethe schreibt alles für ihre Kinder auf, alle großen und kleinen Liebeshändel, ebenso wie das Ehe- und Mutterleben. Mit dem Anspruch, die in ihr stürmenden Gefühle ernstzunehmen.

In dieser Ernsthaftigkeit und dem Gefühl der Demut scheint mir der große Unterschied zwischen ihrer Lebenszeit und der unsrigen zu liegen. Als Jugendliche war sie bereits leidenschaftlich verliebt, aber ihre spätere ausschließliche Hingabe an ihren Mann setzte allen herumirrenden Gefühlen die Grenzen der Ehe, die sie auch nie hinterfragte.

Wann war in ihrem Tageslauf, den sie minutiös beschreibt, überhaupt Zeit für tiefes Sehnen? Von acht Uhr morgens an war

Margarethe pausenlos beschäftigt und nie allein. Nur abends gab es einen Moment der Ruhe, der Lektüre, des Gesprächs. Nach dem Abendessen ging sie in ihr Zimmer. Dort lagen die Bibel, das Gebetbuch, Gellerts »Geistliche Lieder« und eines Tages das dritte Buch des »Messias«. Sie wusste von ihrem Bruder, wie angerührt und begeistert er und sein Freund Oktav die Verse Klopstocks gelesen hatten, und natürlich berichteten sie ihr auch davon, wie sie sich im Sommer mit einer schwärmerischen Gruppe Gleichgesinnter in Ottensen am Grab von Klopstocks Frau Meta versammelt und unter Bäumen zwischen den Grabsteinen das neumodische Getränk Kaffee genossen hatten, nicht weit vom glitzernden Ufer der Elbe. Dort schrieben sie Variationen von Grabinschriften für Meta in Klopstock'schen Versfüßen, die alle zu Tränen rührten.

Wenn Meta die Burschen gesehen hätte, so wie sie vor Margarethes geistigem Auge erschienen, wie sie sich im Kaffeerausch in den Armen lagen und von der überschwenglichen Liebe eines großen Dichters träumten ...!

Margarethe las die Verse Klopstocks halblaut, bis sie das Klopfen hörte, leise, an der weißen Tür, die in den hinteren Teil des Hauses führte, wo das Kontor war, die weiße Tür, die nur von ihrer Seite zu öffnen war. Das allerdings wagte sie natürlich nicht. Oktav rief, und wie fast jeden Abend schworen sie sich ewige Liebe durch die Tür, ohne sich zu sehen. Die Gedanken an die Küsse und Umarmungen auf heimlichen Spaziergängen waren das tägliche Brot, von dem Margarethe sich mehr nährte als von den Mahlzeiten. Überdies hatten Oktav und sie es so eingerichtet, dass sie sich durch eine List auch während der Mahlzeiten gegenseitig beobachten konnten, durch einen winzigen Spiegel, aufgeklebt auf der Tapete, der sich in einem weiteren reflektierte.

Dennoch wagte sie manchmal eine ganze Mahlzeit hindurch nicht, in den kleinen Spiegel zu schauen, aus Angst, der Vater würde entdecken, wozu er dort hing. Der strenge Vater. Hatte wohl vergessen, dass er auch einmal ein kleiner, strebsamer Lehrling war wie Oktav.

Eines Abends musste er noch arbeiten und war nach hinten ins Kontor gegangen. Plötzlich hörte er die Stimmen von Oktav und Margarethe. Aber von den Beteuerungen ihrer ewigen Liebe wollte er nichts wissen. Den wirst du niemals heiraten, wurde ihr kalt verkündet. Als letzter am Tisch warf er Margarethe fortan das Brot hin. Den teuren Taft, aus dem sie sich ein Ballkleid hatte schneidern wollen, schenkte er der Mutter. Margarethe sollte sich mit einem anderen begnügen, einem einfachen Baumwollstoff, der für eine wie sie »gut genug« war.

Dabei wäre sie doch nie auf die Idee gekommen, sich dem Geliebten anders als »heilig« zu nähern. »Heilig« sind in ihren Erinnerungen alle Küsse, die sie und Oktav tauschen, und auch er ist besorgt um die Ehre seiner »zarten Blume«. Die Liebe, Arm in Arm, Mund an Mund, wie intim konnte sie sein, wenn gleichzeitig die Ehre geschützt werden musste? Bei den ersten Berührungen der Hände, wenn Oktav zum Beispiel Margarethe half, in eine Kutsche oder in ein Boot einzusteigen, um auf der Alster zu fahren, zitterten beide noch. Wenn sie sich nicht auf seine Stütze verlassen hätte, wäre sie vor Aufregung gestolpert und vielleicht ins Wasser gefallen. Eine durch den Wind in Unordnung gebrachte Frisur durfte Oktav ordnen. Diese Intimität entehrt sie nicht. Der erste heilige Kuss, von dem sie berichtet, ist zugleich eine heimliche Verlobung. Beim Spazierengehen hing sie an seinem Arm – spürte sie seinen Herzschlag? »Kein unkeuscher, niedriger Gedanke, dessen wir uns hätten schämen müssen, stieg in unserer Seele auf, wie sich die Engel, wie wenige Edle sich auf dieser Erde lieben, so liebten wir uns, und doch war diese reine, edle, hohe Liebe Sünde, war Unrecht, weil sie heimlich war, wir mit Gewissheit wussten, dass meine Eltern sie nie zugeben würden und weil die beste, edelste, reinste Liebe, wenn nicht Ehe ihr Ziel ist und sein kann, ihrer Natur nach schlechterdings fällt, von ihrer Höhe, ihrem Adel oft in einer schwachen Stunde fällt. Wir taumelten also so fort ...« Taumel ist diese Liebe und Taumel bringt aus dem Gleichgewicht. Kaum noch vorstellbar ist heute die Angst, den sogenannten Pfad der Tugend zu verlassen. Heimliche Liebe, ein Stoff, den die Dichter in Gesänge und Romane verwandeln. Der in tagebuchartigen Erinnerungen wie hier, Leben im Verhältnis eins zu eins abbildet. Für Margarethe war die Zeit des Taumelns eine der wichtigsten. Das Hin und Her zwischen ihr und Oktav nimmt einen breiten Raum in ihren Erinnerungen ein.

1748 wird Margarethe geboren, zwei Jahre bevor die erste, bescheidene Michaeliskirche in Hamburg durch einen Blitzschlag zerstört wird. Kindheit und Jugend erlebt sie zur Zeit der Erbauung der neuen, einer der heute größten protestantischen Kirchen Norddeutschlands. Sie ist die älteste Tochter des Hamburger Kaufmanns Heinrich Jacob Hudtwalcker, stammt aus einer noch heute bekannten Familie. Für bürgerliche Kaufleute bestanden in der Hansestadt Hamburg immer gute Aufstiegschancen, vorausgesetzt, sie waren erfolgreich. Als guter Familienvater sorgte Hudtwalcker sich natürlich um den Ruf der Familie, denn eine schlechte Reputation hätte schnell auch wirtschaftliche Konsequenzen haben können. Eine Liebe zu einem Habenichts war nicht erwünscht. Wenigstens ein Beamter oder Geistlicher sollte der zukünftige Ehemann seiner Tochter sein, und durch Pfründe versorgt.

Heil und nach außen abgeschirmt, so empfand Margarethe ihr Leben, bevor sie heiratete. Im Schutz ihrer Jungfernschaft konnte sie Blicke werfen, Küsse austauschen. Schmerz existierte nur als vergängliches Gefühl. Mit 13 Jahren verliebte sie sich das erste Mal: »Ich sah einen Knaben von meinen Jahren, mit roten Backen, schwarzen Haaren, und meine Kindheit war vorbei.« Obgleich sie sich bis zur Ehe bewahrte, Pfänderspiele, Küsse und »böse Leidenschaften« wie Neid, Eifersucht und die Begierde zu gefallen quälten sie doch. Eines Tages beobachtet die französische Mamsell die wilde Ausgelassenheit beim Spiel der Jungen und Mädchen. Danach versammelt sie die ihr anvertrauten Mädchen und erklärt, dass sie sich ihrer Zügellosigkeit wegen schämt und sie verlassen wird. Margarethe ist tief verstört und meidet in Zukunft solche Situationen. Das Flirten aufzugeben fällt ihr leichter, als die Begierde »zum Putz« zu bezähmen. Auch tugendsam möchte sie den jungen Männern gefallen.

Außer der leidenschaftlichen Liebe zu Oktav, für sie niemals eine Verirrung, sondern immer heiliges Gefühl, meidet sie jede Versuchung, zählt sie aber genau auf – und das noch nach vielen Jahren. Den Mann, der ihr auf einem Ball Avancen macht. Einen Hauslehrer namens Flügge, der in ihr seine künftige Predigersgattin sieht. Einen Prediger Han, der ebenfalls um sie wirbt, aber »rechtzeitig« auf eine weit entfernte Pfarre geschickt wird. Als erwachsene Frau kokettiert Margarethe in ihren Erinnerungen noch immer mit ihrem »Marktwert« als junges Mädchen. Aber als Oktav auftaucht, nützen alle ehrenhaften Versprechungen nichts mehr. Der Vater will sie unter die Haube bringen und von Oktav fernhalten. Jeden Tag erfährt sie bei Tisch neue abschreckende Beispiele von unglücklichen Mesalliancen. Dabei wird Oktav später, ähnlich wie ihr

31

Vater, ein erfolgreicher, wohlsituierter Handelsherr sein. Der arme verliebte Geselle wendet sich sogar an den Pfarrer Julius Gustav Alberti an der St. Katharinenkirche, dem rationalistischen Gegenspieler von Johann Melchior Goetze, der von derselben Kanzel den Dichter Gotthold Ephraim Lessing in Schmähreden angriff. Alberti, für den die Jugend schwärmte, sollte der jungen Liebe Unterstützung gewähren. Der aber riet dem jungen Mann, lieber Hamburg zu verlassen, als die Tochter seines Dienstherrn zu freien. Bald gibt es einen neuen Bewerber, wieder einen armen Pfarrer und dem will der Vater Margarethe geben. Selbst als wohlhabender Brautvater begehrt, hat er keine Geduld, für alle seine Töchter reiche Kaufleute als Ehemänner zu finden.

Einmal verheiratet, immer tugendhaft, so sieht es zumindest der Vater. Schnell ist Oktav vergessen, denn der vom Vater erwählte Bräutigam Johann Milow ist ein schöner Mann, auf den sie mühelos all ihre Liebe übertragen kann, endlich sind ihre Gefühle legitim. Gottesfürchtig befolgt sie die ihr bestimmten Wege, wie es auch die gesellschaftliche Konvention vorschreibt. Ein unerschütterlicher Glaube bestimmt Margarethes Leben. Nur so lassen sich auch schwere Schicksalsprüfungen ertragen. Ernsthaftigkeit erfordert das Leben. Fügung in das Gegebene und Hinnahme alles dessen, was kommt. Keiner ist da, der ihr sagt: So hättest du es auch machen können. Überlege dir, ob du wirklich so viele Kinder willst. Ob du deinen Mann immer lieben kannst ... Bereits mit ihrer Geburt ist Margarethes gesellschaftliche Stellung festgelegt. Sie wird den Mann lieben, den die Eltern ihr ausgesucht haben. Das Elterngesetz steht höher als jeder Wunsch, jede Leidenschaft.

Geburt, Krankheit und Tod sind die Regenten des Lebens. Das ist ihr zu jedem Zeitpunkt bewusst. Während wir uns immer erstaunt daran erinnern müssen, wenn uns etwas trifft, was wir nicht ändern können.

Immer wieder betont Margarethe in ihren Aufzeichnungen, wie glücklich sie mit ihrem Mann geworden ist. Wie sehr sie mit ihm fühlt, als er sich nicht als strahlender Held entpuppt, sondern ihm in Hamburg eine Predigerbewerbung nach der anderen misslingt. Obwohl er sie von ihrer Familie trennt und nach Lüneburg bringt, wo sie sich nie wirklich heimisch fühlt. Und obwohl er kränkelt und alle Aufmerksamkeit braucht.

Kein Wort über sexuelle Intimität. Aber bei jeder Geburt wird die Lebensgefahr, in der sie schwebt, beschrieben. Welche Frau macht heute noch ein Testament, bevor sie ein Kind kriegt? Für Margarethe und ihren Mann war jede Geburt eine Gefahr für die Mutter. Im Abstand von jeweils etwa eineinhalb Jahren gebar Margarethe acht Kinder auf dem damals üblichen Gebärstuhl. Insgesamt war sie elf Mal schwanger. Die meisten Kinder stillte sie selbst.

1783 soll sie nach einem Starrkrampf für tot erklärt worden sein. Als der Sargdeckel geschlossen wurde, sah jemand, dass sie einen Finger bewegte. Danach lebte sie noch elf Jahre. Die alte Schreckensmär, lebendig begraben zu werden, ist heute allenfalls Bestandteil historischer Schauerromane, damals aber, als es noch keine offizielle Leichenuntersuchung gab, eine reale Gefahr, und die Angst davor war stärker als die vor dem Tod. Diese Ängste hat Margarethe nicht geschildert, wohl aber die Krankheit, die 1794 zu ihrem Tod führte. Eine Frauenkrankheit: Brustkrebs.

Eines Nachts, während sie am Bett ihres hypochondrischen Mannes wacht, überfällt sie der Schmerz. Sie ertastet Verhärtungen, wartet, fühlt sich wochenlang schmerzfrei und ist wieder nur mit der Sorge um ihren Mann beschäftigt, bis sie einen Rückfall erleidet und einen Arzt aufsucht. Wie mag das Wort »Operation« damals geklungen haben? Diese kann nicht in Wandsbek stattfinden, wo ihr Mann schließlich doch mit einer Bewerbung für eine Predigerstelle Erfolg gehabt hat, sondern nur in Hamburg, wo Ärzte erreichbar sind. Die Mutter Margarethes ist zu alt, um das Geschehen bei sich zu Hause auszuhalten, die Frau ihres Bruders hat zu »feine Nerven« dafür. Endlich findet Margarethe eine befreundete Familie, wo sie als Kranke bleiben kann. Die Operation wird auf den 13. Januar 1793 festgesetzt. Und wieder bestimmt Margarethe, was mit ihrer körperlichen Hülle geschehen soll, falls sie nicht überlebt. Sie will nicht in Hamburg beerdigt, sondern zu ihrem Mann nach Wandsbek gebracht werden. Wieder wird alles aufgeräumt, geordnet, gepackt, ein letzter Wille geschrieben. Einer schwangeren Tochter wird die bevorstehende Operation verheimlicht, aber die Geschwister werden brieflich von Margarethe selbst informiert.

Im Gebet sucht sie Beruhigung, Betäubung. Danach wartet sie ruhig auf die Ärzte. Sie zieht sich aus, setzt sich, schließt die Augen »und es war geschehen«. Sie sieht die blutige Brust, und dann kommt der zweite Schnitt. Kaum erfährt der Ehemann, dass alles überstanden ist, eilt er zu ihr. Aus seinem Gesicht liest sie, wie er für sie gelitten hat! »Mit Dank und Wehmut.«

Ab April wohnt Margarethe wieder bei ihrem Mann in Wandsbek, »das Übel schien völlig ausgerottet zu sein«. Die Brust verheilt. Mehr Sorgen macht ihr der Mann, der Blut spuckt. Sie weiß aber, dass die Schmerzen wiederkommen werden, kennt den Verlauf der Krankheit. Gut eineinhalb Jahre nach der Operation stirbt sie im Oktober 1794, ihr Mann ein halbes Jahr später.

Die sehr privaten Aufzeichnungen der Pfarrersfrau Margarethe Milow, die ganz den eigenen Gefühlen und dem Alltag verhaftet bleiben, sind in ihrer Einfachheit und Milde doch von großem Wert, was die Möglichkeit betrifft, darin mehr über die Lebensumstände von Frauen im 18. Jahrhundert zu erfahren. Ganz bewusst hat sich Margarethe Milow mit ihrem Schreiben an ihre Nachkommen gewandt, was einen ungewöhnlichen Wunsch nach Überlieferung zeigt, der schließlich weiter reicht, als sie es sich je hat ausmalen können.

Charlotte Paulsen

CHARLOTTE PAULSEN
(1797 – 1862)

Einige Namen von Hamburgerinnen sind jedermann geläufig, weil es Orte in der Stadt gibt, die an sie erinnern. Eine »Charlotte-Paulsen-Schule« gibt es seit über hundert Jahren, heute im Stadtteil Wandsbek gelegen. Für die Namensgebung hat sich ihre jüngere, ebenfalls demokratisch-freireligiös gesinnte Freundin Emilie Wüstenfeld eingesetzt, auch sie heute durch die Benennung einer Schule geehrt. Und Hamburger kennen das »Amalie-Sieveking-Krankenhaus«, benannt nach einer Zeitgenossin und Konkurrentin Charlotte Paulsens, die sich ebenfalls der Wohltätigkeit verschrieben hatte, aber einer streng pietistischen Religiosität zuzuordnen ist. Wie Amalie Sieveking mit dem Diakonissenhäubchen geschmückt, wurde die Lehrerin und Kinderbuchschriftstellerin Elise Averdieck, die von 1808 bis 1907 lebte, zur Stammmutter eines Diakonissenhauses »Bethesda«, das heute als evangelisches Krankenhaus in Bergedorf betrieben wird.

Wer über eine der wohltätigen Frauen des 19. Jahrhunderts schreiben will, die zum sozialen Fortschritt und beruflichen Einsatz von Frauen beitrugen, muss sich immer noch, wie sie, entscheiden: für die Frommen oder die Aufgeklärten. All diese Frauen wollten dasselbe, nämlich helfen, aber mit unterschiedlichen Mitteln. Die jeweilige Weltsicht, das Menschenbild, das beide Parteien vertreten, ist heute noch wirksam, der Schlüsselbegriff dabei heißt Verantwortung. Für Amalie Sieveking,

1794 geboren, aus einer traditionsreichen Hamburger Familie stammend, war es klar, dass Armut gottgewollt war und in einer fest gefügten Hierarchie den Reicheren die Verantwortung zufallen würde, den wenig Begüterten in ihrer Armut zu helfen. Charlotte Paulsen und ihre freireligiösen Freundinnen dagegen glaubten, dass Armut zu bekämpfen sei, dass die sozialen Zustände, die sie hervorrief, zu verändern wären. So kommt es, dass es in Hamburg zwei Vereine gab, die beide Mildtätigkeit in den Mittelpunkt ihres Engagements stellten, aber beide nicht viel miteinander zu tun haben wollten. Dabei hat sich Charlotte Paulsen zunächst bemüht, bei Amalie Sieveking mitzuarbeiten. Aber ihr Naturell war wohl zu »weltlich«, sie wurde abgelehnt, ebenso wie andere Frauen, die dem moralischen Standard Amalie Sievekings nicht genügten.

Die jüngste dieser bedeutenden Wohltäterinnen, Elise Averdieck, die im Jahre 1907 mit 99 Jahren verstarb, imponiert vor allem durch ihre liebevolle, nie versiegende Frömmigkeit, mit der sie sich für die sinnvolle Tätigkeit unverheirateter Frauen einsetzte. Ihre Kinderbücher »Karl und Marie« und andere, die eindrucksvoll den großen Brand in Hamburg 1842 beschreiben, sind ungeheuer erfolgreich gewesen. Dennoch: Wie soll man sich einer Frau nähern, die 1899, im Alter von 91 Jahren mit einer gelassenen Heiterkeit in einem Brief über sich bekennt: »Das Herz ist unberührt geblieben ... immer nur danken und fröhlich sein«?

Ich habe mich für Charlotte Paulsen als eine der Wohltäterinnen entschieden, deren Leben überaus vielschichtig verlief. Bei aller Bewunderung für den Einsatz und die Hingabe, mit der die Vertreterinnen der Armenpflege ihrer Aufgabe nachgingen, bleibt aus heutiger Sicht doch zu bemerken, dass sie darin dem traditionellen Frauenbild ganz und gar verhaftet blieben. Wenn die sozialen Berufe auch die ersten waren, die Frauen eine Selbstständigkeit ermöglichten, wiesen sie doch nicht aus dem »Weiblichkeitsghetto« hinaus. Wer möchte schon beschränkt werden auf die Ausübung bestimmter Berufe wie Kindergärtnerin, Sozialarbeiterin, Krankenpflegerin und Lehrerin für die Kleinen? Das sollten in ihrer Wertschätzung Berufe sein wie andere auch: Ingenieurinnen, Bankerin oder Pfarrerin. Doch ist wahrscheinlich, dass ohne die wohltätigen Matronen – auf den überlieferten Fotos allesamt füllige, ältliche Damen – die emanzipatorische Entwicklung nicht in Gang gesetzt worden wäre.

Charlotte Paulsen wurde 1797 als viertes von fünfzehn Kindern in eine reiche Bankiersfamilie hineingeboren. Da aus erster Ehe des Vaters auch noch vier Kinder dazukamen, kann man sich vorstellen, welche Kinderschar sich in dem großen Othmarschener Park tummelte. Charlotte Paulsen hat selbst Lebenserinnerungen hinterlassen, die jedoch verschollen und nur noch indirekt durch die Aufzeichnungen Anna Wohlwills, der langjährigen Leiterin der Paulsen-Schule, erhalten sind. Alles, was über ihr Privatleben bekannt ist, steht darin, weitere Informationen gibt es nicht.

Durch ihren Vater John Thornton, der in Hamburg die geschäftlichen Verbindungen zu England maßgeblich führte, gehörte sie zur besten Hamburger Gesellschaft. Sie verlebte eine sorglose Kindheit im vornehmen Stadtteil Othmarschen, wo ihr Vater eine von Christian Friedrich Hansen gebaute Villa besaß, deren Wirtschaftsgebäude noch heute am Halbmondsweg beeindrucken. Die Mutter bekam ein Kind nach dem anderen, war aber ansonsten von allen Mühen des Haushalts und der Kindererziehung befreit. Gouvernanten und Hauslehrer vermittelten Charlotte die üblichen Fähigkeiten einer höheren Tochter: Sprachen, Klavierspielen und Tanzen. Das Schreckgespenst der Zeit allerdings hieß Napoleon, und es gab Schwierigkeiten für die anglophile Familie, als die Franzosen Hamburg 1806 besetzten. Zwar blieben die Thorntons relativ unbehelligt, aber es war auch für die junge Charlotte eine Erleichterung, als die Franzosen im März 1813 abzogen und stattdessen Kosacken in Hamburg als Befreier bejubelt wurden. Diese wurden von einem aus Baden stammenden Freiherrn Friedrich Carl von Tettenborn befehligt, den Charlottes Vater voller patriotischer Begeisterung in sein Haus einlud. Eine erste große und vielleicht einzige leidenschaftliche Liebe im Leben der Fünfzehnjährigen war die Folge. Aber der Ruf des Bräutigams war nicht der beste und die Verlobung wurde schnell wieder gelöst. Wie jede junge Frau, deren Zukunft von der ihres Ehemannes abhing, fügte sich Charlotte in diesem Punkt der Entscheidung ihres Vaters. Kurz darauf, im Mai 1813, brachen die Franzosen erneut ein, diesmal wurde es für die Familie Thornton gefährlicher, denn der Bankier, der Geschäfte mit den verhassten Engländern machte, sollte verhaftet werden. Die Lieblingstochter Charlotte erzählt, dass sie ihrem Vater geholfen hat, wichtige Papiere zu retten. Ganz allein bleibt sie in der Nacht mit den Papieren in einem Wagen mit gebrochenem Rad und wartet, bis der Fuhrmann Hilfe geholt hat. Die Familie flieht nach England, nach Charlottes Worten auf einem kleinen Schiff ohne Kajüte, also wenig standesgemäß, was die Hast deutlich macht, in der alles geschehen musste. In London verbringt Charlotte ein Jahr sorglos, umschwärmt im Glanz von Festen. Das englische Gemeinwesen öffnet ihr aber auch die Augen für soziale Unterschiede und die Verantwortung der Wohlhabenden. So kommt sie nach Hamburg zurück, wo die Geschäfte ihres Vaters inzwischen schlechter laufen. Während ihre Mutter und Geschwister nach Lübeck ziehen, weil das Leben dort billiger ist, verändert sich

Charlottes Leben auf andere Weise. Sie heiratet auf Wunsch ihres Vaters den zwanzig Jahre älteren Makler namens Paulsen. Ihm ist der Vater geschäftlich verpflichtet. Obgleich keine Liebesheirat wurde sie mit diesem Mann nicht unglücklich, sie achteten sich gegenseitig. Charlotte führte nun ein nicht mehr ganz so glanzvolles Leben wie früher, aber sie ging ganz darin auf, die einzige Tochter zu erziehen und sich weiterzubilden. Sie las viel und ließ ihre Gedanken durch Beschäftigung mit Theologie und Philosophie eine Eigenständigkeit entwickeln, die ihr später in der Wohltätigkeitsarbeit zugute kam. Aber noch verläuft ihr Leben wie das jeder besser gestellten Frau in der Gesellschaft. Es gibt nur einen wirklichen Feind, der das Leben schwer macht, und das ist der unvermutete Tod von nahen Menschen und Verwandten. Ihre Tochter heiratet früh, verliert aber die von Charlotte geliebten Enkelkinder ebenso wie ihren Mann. Als sie nach einigen Jahren erneut heiratet, weiß Charlotte, dass sie eine neue Bindung für ihr Herz braucht und entschließt sich, zusammen mit ihrem Mann ein zweijähriges uneheliches Kind zu adoptieren. Obwohl sie in der Erziehung der kleinen Marie Paulsen ebenso aufgeht wie in der ihrer eigenen Tochter, sucht sie nun nach einem größeren Wirkungskreis. Es ist zu bewundern, dass Charlotte Paulsen sich nicht auf ein »Altenteil« zurückzieht, wie es einer über Vierzigjährigen mit einem zwanzig Jahre älteren Mann durchaus zugestanden hätte, dass sie nicht in Resignation verfällt, sondern sich auf ihr frühes, nie eingebüßtes Gerechtigkeitsgefühl und den Wunsch, Benachteiligten zu helfen, besinnt. Dennoch lassen Briefe, die sie an die Tochter schreibt, erkennen, dass es eine Lebenskrise ist, die sie nach neuen Aufgaben suchen lässt. Ihr gegenüber nennt sie es »Traurigkeit« und »schmerzliches Gefühl«. Und so kam sie in Kontakt mit Amalie Sieveking, die schon 1832 ei-

nen Verein für Arme und Kranke gegründet hatte. Eine strenge
Frau, ganz der pietistischen Tradition verhaftet, die Wert darauf
legte, dass »ihre« Armen nicht von liberal gesinnten Kreisen ab-
spenstig gemacht wurden. Die Ablehnung als Mitglied im Verein
von Amalie Sieveking als eine »freisinnige Frau« bekümmerte
Charlotte nicht besonders, sondern brachte sie zum Pestalozzi-
stift, das seit 1846 überkonfessionell arbeitete.

In Hamburg wie anderswo auch erstarkte im Zuge der 1848er
Revolution eine freireligiöse Bewegung, die sich »Deutschkatholiken« nannte. Ein ehemaliger katholischer Priester, Johannes
Ronge, hatte sie als eine politisch-religiöse Protestbewegung
gegründet. Trotz des Namens »Deutschkatholiken« traten gerade auch in Hamburg einflussreiche Protestanten ein, denen
kirchlicher Dogmatismus und Frömmelei zuwider waren. Demo-
kratische, überkonfessionelle Ideen hatten an Boden gewonnen,
seit Juden in Hamburg als vollwertige Bürger anerkannt waren.
1846 gründeten christliche und jüdische Frauen einen »Frau-
enverein zur Unterstützung der Deutschkatholiken«. Eine der
Gründerinnen war Bertha Traun, Tochter des Stockfabrikanten
H. C. Meyer, die später für großes Aufsehen sorgte, weil sie ihren Mann verließ und in zweiter Ehe besagten Johannes Ronge
heiratete, der als Priester wegen seiner Schriften exkommuni-
ziert wurde und nach London ging.

Auch Charlotte Paulsens spätere Freundin Emilie Wüstenfeld gehörte zu den Gründerinnen, außerdem die Jüdin Johanna Goldschmidt. Diese politische Bewegung erfasste Frauen,
die auf sozialem Gebiet mehr Gerechtigkeit erreichen wollten.
1848 wurde ein neuer Verein gegründet – die Erfahrung, dass
es leichter war, ihre Interessen gemeinsam durchzusetzen, hatten die Frauen inzwischen gemacht –, diesmal ein »Sozialer
Verein zur Ausgleichung konfessioneller Unterschiede«. In wie

weit auch diese Frauen die Pietistinnen als Konkurrenz betrachteten, geht aus einem Protokoll hervor, das die Worte Charlotte Paulsens aufnimmt: »Nur die Angst und das Zagen fortgeschafft und es wäre viel für die gute Sache gewonnen; und ermannten wir freier denkenden Frauen uns nicht bald zum einmütigen Sprengen der Fesseln, so würden uns schon die Pietistinnen zuvorkommen, denn es wäre nicht zu erkennen, dass sie viel emanzipierter seien als wir und einig in regster Tätigkeit ihre Zwecke verfolgen.« Mit diesen Worten ruft sie die Frauen zur Tat auf, gleich, ob »das in den Augen der Gesellschaft angemessen ist oder nicht«. »Ermannen« sollen sich die Frauen. Nun ist sie bereit, Amalie Sieveking ernsthaft entgegenzutreten. Mit Emilie Wüstenfeld zusammen gründet sie 1849 jetzt eigenständig einen Verein, diesmal einen »Verein zur Unterstützung der Armenpflege«. Die fromme Amalie war entsetzt, für sie waren das »im schlimmen Sinn emanzipierte Frauen«. Ein Brief an die Königin von Dänemark schildert ihre ganze Empörung, sie glaubt, dass »ihre« Armen so weit gedrängt würden, dass sie »Religion als Aberglauben verlachen lernen«. In diesem Frauenkrieg um die Vorherrschaft auf dem Gebiet der Mildtätigkeit blieb ihr aber auch Charlotte Paulsen nichts schuldig, diese machte ihr Vorwürfe, die Armen in Abhängigkeit halten zu wollen. Obwohl Charlotte sich selbst eine »Atheistin« nannte, sorgte sie dafür, dass uneheliche Kinder getauft und deren Eltern kirchlich getraut wurden, weil sie wusste, dass ihnen so leichter ein Platz in der Gesellschaft eingeräumt wurde. Und kann es eine Atheistin sein, die 1848 in einem Brief an die Tochter schreibt, dass sie »Gott mit recht demütigem Herzen« bitten will, sie in Schutz zu nehmen, und »ich habe den Glauben, dass der gütige Vater mich hörte«? Sie verstand unter dem Begriff »Atheistin« sicherlich eher jemanden, der religiös tolerant dachte.

Charlotte Paulsen war keineswegs machthungrig, im Gegenteil, sie war froh, wenn andere sie unterstützten und ihr, wie Emilie Wüstenfeld, Leitungstätigkeiten abnahmen. Aber das Feld der Wohltätigkeit war letzten Endes groß genug, um es unter sich aufzuteilen. Und jede der beiden Fraktionen hatte ja unterschiedlich gesonnene hamburgische Spender auf ihrer Seite. Die Kranken- und Siechenpflege überließ man weitgehend den kirchlichen Damen, dafür galt es nun, sich der Erziehung von Frauen und Mädchen zu widmen, die mittellos waren. Tüchtige Dienstboten wurden immer gesucht, die Fähigkeiten dazu aber mussten zunächst erworben werden. Hier wurde auch der Grundstein für die ersten Frauenberufe wie Kindergärtnerinnen und Lehrerinnen gelegt, diesem Gebiet widmete sich vor allem Johanna Goldschmidt, die den Erzieher Friedrich Fröbel nach Hamburg zu holen versuchte. Der aber wollte nicht kommen, als er hörte, dass an einer von Emilie Wüstenfeld propagierten »Hochschule für das weibliche Geschlecht« sein Neffe Karl Fröbel als Leiter berufen werden sollte. Von Bildung für Frauen hielt er nichts, er sah das als Konkurrenz zu seiner Kindergärtnerinnenausbildung, die sich vor allem an mütterlichen Qualitäten, weniger an Wissen orientieren sollte. Es bildeten sich zwei Gruppen: Die eine, von Emilie Wüstenfeld angeführt, wollte alles unternehmen, um den Plan einer Hochschule Wirklichkeit werden zu lassen, die andere, unter der Leitung von Johanna Goldschmidt, verfocht leidenschaftlich die Kindergartenidee des älteren Fröbel. Beide hatten schließlich Erfolg. Die Hochschule, eine einmalige Institution im damaligen Deutschland, bestand allerdings nur knapp zwei Jahre. Sie zog weibliche Prominenz in die Stadt, unter anderem Malwida von Meysenbug, die spätere Nietzsche-Freundin. Hier konnten sich Frauen aller Generationen – das Mindesteintrittsalter war 15 Jahre – bei

Kursen und Vorträgen bilden, immer in enger Verbindung zu den Deutschkatholiken des Johannes Ronge. Geld sollte durch Pensionärinnen wie Malwida von Meysenbug hereinkommen, außerdem wurde natürlich an die Großzügigkeit der Hamburger Bürger appelliert. Aber es kamen nicht so viele wissenshungrige Frauen wie erhofft, außerdem war die Hochschule politisch verdächtig und musste 1851 wieder schließen. Doch durch die Hochschule war ebenso wie durch die Kindergärtnerinnenseminare ein Anfang für die berufliche Ausbildungsmöglichkeit von Frauen gemacht.

An der Diskussion über die Berufung der Frau zu Kindergartenerziehung, Hochschule oder ausschließlich häuslicher Tätigkeit beteiligte sich Charlotte Paulsen nur am Rande, sie wollte ihre Kraft eigenen Projekten widmen, vor allem ihrer Armenschule, dem späteren »Paulsenstift«. Außerdem war sie gerade zu der Gründungszeit der Hochschule mit ihrer Pflegetochter in Amerika, zunächst in New York, dann bei ihrer Schwester in Kanada, um neue Kräfte zu schöpfen, wie es heißt. Eine lange, sicherlich auch mühselige Reise. Kaum zurück, begann sie wieder mit ihrer Arbeit für die Armen. Als bekannte Bürgerin mit guten Kontakten zu Senatoren, Bank- und Kaufleuten war sie immer wieder erfolgreich auf Bettelgängen für ihren Armenverein. Da aber in der Armenschule kein Religionsunterricht erteilt wurde, überhaupt das Schulwesen bisher ganz privat in der Hand der Eltern lag, wurden 1851 die Unterrichtskurse des Armenvereins verboten, nachdem Charlotte Paulsen sogar polizeilich verhört worden war. Oder lag es daran, dass sie als Fluchthelferin politisch Verfolgter gewirkt hatte? Es gibt Schilderungen des Schriftstellers Otto von Corvin, der als Frau verkleidet durch ihre Hilfe vor einer Verhaftung flüchten konnte. 1856 wurde die Schule mit sechzig Kindern neu eröffnet, diesmal mit einer offiziellen Konzession.

Doch nun drohte Charlotte Paulsen selbst ein finanzieller Abstieg. 1855 war ihr Mann gestorben und sie war gezwungen, im Haus der Bewahranstalt am Holländischen Brook zusammen mit den von ihr versorgten Kindern zu wohnen. Die letzte Zeit ihres Lebens verbrachte sie mit ihrer Pflegetochter Marie an der Mundsburg, damals weit draußen auf dem Land. Aber sie blieb unermüdlich wohltätig – und die früher schöne umschwärmte Charlotte wurde zu einer stadtbekannten Vogelscheuche, der man am liebsten aus dem Wege ging, weil sie jeden immer für einen guten Zweck anbettelte. Nicht immer erfolgreich, was sie bisweilen resignieren ließ. Aber ein Foto im Alter zeigt sie mit flammenden Augen, einem trotzigen Zug um den Mund. Sie starb am 15. November 1862 und wurde ohne kirchliche Handlungen bestattet, ebenso wie drei Jahre vorher Amalie Sieveking in einem Armensarg. Die eine, weil kein Geld da war, die andere aus frommer Bescheidenheit. Amalie mit allen Tröstungen der Christenheit. An Charlotte imponiert vielleicht besonders, dass sie ohne die Sicherheit des Jenseits lebte – und ebenso Gutes tat.

Beim Neubau des Rathauses 1897 wurde ihr Porträt in die Säulen der Rathausdiele eingefügt. Dort ist sie vereint mit den beiden christlichen Vertreterinnen der Wohlfahrt, Amalie Sieveking und Elise Averdieck, ebenso wie mit ihrer Mitkämpferin für Freiheit und Reformen Emilie Wüstenfeld. Heute leben all diese Namen durch die nach ihnen benannten Krankenhäuser und Schulen fort und halten so die Erinnerung an früh engagierte Frauen wach.

Amalie Dietrich

AMALIE DIETRICH
(1821 – 1891)

Eine schon ältlich wirkende Zweiundvierzigjährige landet mit dem deutschen Schiff »La Rochelle« der Hamburgischen Reederei Godeffroy am 7. August 1863 in Australien. Hinter ihr liegt eine fast dreimonatige Reise in der ersten Klasse, ein Luxus für die an Entbehrungen und beschwerliches Vorankommen gewöhnte Naturforscherin. Eine Frau, leidenschaftliche Sammlerin und Präparatorin, beseelt von Forschergeist. Sie hat sich darauf eingestellt, viele Jahre fern von der Heimat zu verbringen. In Hamburg hat sie ihre sechzehnjährige Tochter zurückgelassen, in Herzogswalde in Sachsen den längst von ihr entfremdeten Ehemann. Erst am 4. März 1873 kehrt sie nach Hamburg zurück, nun erschöpft und in die Jahre gekommen, aber berühmt.

Ein Aufbruch ins Ungewisse. Die Leidenschaft, etwas Unerforschtes zu finden und eine große Aufgabe zu bewältigen, treibt sie an, wie alle Abenteurer. Sie selbst aber ist eine disziplinierte Wissenschaftlerin durch Selbststudium, eine Naturforscherin und Botanikerin, angelernt von ihrem Ehemann, dem Apotheker Wilhelm Dietrich, ihn aber weit überflügelnd.

Die Karriere als Forschungsreisende wurde ihr von einem Hamburger Großkaufmann ermöglicht, in dessen Auftrag sie Objekte sammelte und der ihr Fahrt, Forschungsmittel, Australienaufenthalt und schließlich den Lebensabend in Hamburg finanzierte. Die letzten 13 Jahre nach der Reise lebte sie dort in der Nähe ihrer Sammlungen, eine Autorität auf ihrem Gebiet, von Professoren aus aller Welt aufgesucht. 1891 starb sie, als sie ihre Tochter Charitas Bischoff, die in Rendsburg als Pfarrersfrau lebte, besuchte. Dieser Charitas verdanken viele begeisterte Leser ein lebendiges Bild vom Leben ihrer Mutter. »Amalie Dietrich. Ein Leben« heißt ihr Erfolgsbuch, das zuerst 1909 erschien. Aus ihrem eigenen Leben erzählte Charitas unter dem Titel »Bilder aus meinem Leben«, das 1912 veröffentlicht wurde. Die einzige Tochter Amalie Dietrichs verbrachte ihren Witwenstand in Hamburg-Blankenese, wo eine Treppe den Namen der Schriftstellerin trägt. Ebenso hat es ihre Mutter in Hamburg zu einer Straßenbezeichnung gebracht, der »Amalie-Dietrich-Stieg« befindet sich in Barmbek. In Romanform erzählt sie das Leben der Mutter bis zur Reise nach Australien. Die Zeit, die diese dort verbringt, wird in Briefen dokumentiert, die allerdings wohl zum Teil dramatisiert und fiktiv sind. Charitas Bischoff verwendet darin unter anderem auch Berichte fremder Forschungsreisender, wie der Biologe Ray Sumner herausgefunden hat. Lange Zeit galten die Briefe als Zeugnisse Amalie Dietrichs selbst, noch 1943 wurden sie in Melbourne als authentisch herausgegeben, aber die Forscher entdeckten darin doch zu viele Ungereimtheiten. Es wurden Bäume erwähnt, die in der betreffenden Region, von der sie schrieb, nicht wachsen, oder sogar eine sagenhafte blaue Blume, die Amalie beinahe zum Verhängnis wird, als sie sie pflücken will – die wohl eher der romantischen und literarischen Phantasie Charitas' entsprungen ist als der Wirklichkeit. Dennoch schreibt Ray Sumner, dass die in der Biographie aufgeführten Briefe viele Informationen enthalten, die nur Amalie Dietrich selbst hätte liefern können. So sind sie mehr als nur literarische Fiktion. An den Brieftteil, der auch Antworten der

Tochter enthält, fügen sich noch zwei kurze Kapitel über die Heimkehr und die letzten Jahre.

Amalie Dietrich ist eine geborene Nelle, sie ist nach vier Jungen das erste und einzige Mädchen. Als sie am 26. Mai 1821 in Siebenlehn in Sachsen geboren wird, lebt nur noch der Älteste der Geschwister, Carl. Sie wächst ohne große Sorgen auf, ist gescheit und lernt schon von ihrer Mutter viel über Kräuter und Pilze, ein Wissen, das schon seit Urzeiten Hebammen und Kräuterfrauen, wie man die früheren Hexen freundlich nannte, zur Verfügung stand. Beim Pilzesammeln trifft sie auf ihren späteren Mann, den von ihr bewunderten Forscher Wilhelm Dietrich. Misstrauisch verfolgt Amalies Vater, wie beide sich näherkommen und kann es doch nicht verhindern. Für ihn ist der Naturforscher bei aller Intelligenz nicht der richtige Mann für seine Tochter. Er hätte sie lieber mit einem Handwerker verheiratet. Wilhelm August Salomo Dietrich heiratet Amalie am 25. Januar 1846, lässt aber seine junge Frau keinen normalen Haushalt führen, sondern füllt die Schränke mit biologischen Präparaten und zieht mit ihr durch die Wälder. Die Arbeit im Haushalt nimmt ihr zunächst die Mutter ab, später eine Haushaltshilfe. Als sich 1848 ein Kind ankündigt, hofft Wilhelm auf einen Sohn, den er ebenfalls als Hilfe anlernen kann. Aber es wird ein Mädchen.

Die Tochter Charitas muß eine schwere Kindheit bei ihren ungleichen Eltern verbringen. Der Vater, Wilhelm Dietrich, immer unzufrieden, dabei mit großen Rosinen im Kopf, fühlt sich nie genug geachtet. Er ist stolz auf seine angebliche Herkunft aus der berühmten Naturforscherfamilie Dietrich, Professoren in Jena, mit Goethe bekannt. Erst ein Enkel wird entdecken, dass er mit keinem der berühmten Botaniker verwandt ist – aber es hat ihm Türen geöffnet und sicherlich zu seinem Selbstverständnis beigetragen. Und auch den Stolz befördert, keine niederen Arbeiten machen zu wollen. Die Mutter erlebt Charitas dagegen immer schwer arbeitend, sich bis an den Rand der Kräfte für die Belange ihres Ehemannes aufopfernd. Beide sind leidenschaftliche Botaniker und beide oft entfernt von ihrem Kind. Kein Wunder, dass Charitas sich übertrieben angstvoll an die Mutter klammert, diese ist ihre einzige Ansprechpartnerin. Zwar hat auch sie nie Zeit, doch sie fühlt mit ihr. Sobald das Mädchen groß genug ist, hilft sie der Mutter, wandert mit ihr durch die Wälder, von einer Dorfapotheke zur nächsten, sucht Pflanzen und kleine Tiere, präpariert sie. Während sie zur Schule geht, ist mal der Vater, mal die Mutter auf Reisen. Amalie hat die robustere Gesundheit, deshalb schickt ihr Mann sie allein auf die beschwerlicheren Reisen, in die Alpen, durch ganz Deutschland von Sachsen nach Holland, mit einem Tragekorb auf dem Rücken oder einem Hundewagen. Ihr macht es nichts aus, auf Stroh zu schlafen, sie sieht ein, dass sich ihr Mann als gebildeter Herr nicht so behelfen kann wie sie. Nur einmal wird es ihr zu viel: Als sie erfährt, dass ihr Mann mit der Haushaltshilfe ein Verhältnis hat. Da packt Amalie das Kind und ein paar Sachen, verabschiedet sich von ihrem Mann und reist nach Bukarest zu ihrem älteren Bruder. Sie wagt die Reise, umständlich auf die Anschlüsse von Postkutschen wartend, zunächst nach Wien, von dort mit dem Schiff die Donau hinunter und bittet den Bruder um Aufnahme. Aber es gelingt ihr nicht, sich dort wohlzufühlen, vor allem bleibt sie dessen Frau Leanka fremd, die andere Vorstellungen von Kindererziehung hat und ihr am liebsten Charitas entrissen hätte. Als Amalie zurück will, macht ihr der Bruder den Vorschlag, Charitas als eigenes Kind zu behalten, aber Amalie fürchtet den fremden Einfluss und geht zurück, um mit Wilhelm Dietrich die Ehe weiterzuführen.

Aber es kommt zu keiner neuerlichen Annäherung zwischen den Eheleuten.

Wieder beginnen die Reisen, um Pflanzen, Insekten und kleine Tiere zu sammeln und zu präparieren. Das Kind Charitas bleibt mit dem wortkargen Vater zurück und leidet schrecklich unter der Abwesenheit der Mutter. Niemals weiß sie, wie es dieser gerade geht, wie lange die Reise dauern wird. Die Mutter macht der Tochter sogar Vorwürfe, unter ihrer Abwesenheit so zu leiden, dass sie die Traurigkeit und das Weinen der Tochter bis in den Schlaf hinein spürt. »Kannst du denn gar nicht lernen, allein zu sein?«, schimpft sie mit der etwa Zehnjährigen. In einem Brief an ihren Bruder schildert sie ihr Dilemma: »Was ist meine erste Pflicht: soll ich meinem Mann die Gehilfin, oder soll ich dem Kind die Mutter sein?« Und auf Vorwürfe, sich ausnutzen zu lassen, reagiert sie: »Du fragst erzürnt, weshalb denn nicht Wilhelm trägt, wenn nun einmal getragen werden muss. Habe ich Dir denn nicht oft genug gesagt, dass Wilhelm ein gebildeter, feiner, gelehrter Herr ist, der einen zarten Körper hat. Begreife das doch! Er kann es nicht. Ich kann es, und warum sollte ich es nicht tun?«

Einmal erkrankt Amalie vor Erschöpfung, sie kommt in Holland ins Krankenhaus und scheint für die Familie im heimatlichen Sachsen verschollen. Die Geldsendungen an Wilhelm, die die Familie über Wasser gehalten haben, bleiben aus. Da nimmt der Vater eine Stellung als Hauslehrer in einem nahe gelegenen Schloss an und erklärt seiner Tochter, einem elfjährigen Schulmädchen, sie müsse nun für sich allein sorgen, sich eine Stellung bei einer Familie suchen, wo sie gegen Mitarbeit im Hause freie Unterkunft hat. Der Forsthof, in dem sie gelebt haben, wird aufgegeben, fremde Leute ziehen dort ein. Ihre Klassenkameradinnen fragt sie, wo sie wohl hingehen könne, und wird in den Nachbarort vermittelt. Die Familie, bei der sie Arbeit findet, ist etwas sonderlich. Die Frau scheint immer geistesabwesend, Mann und Sohn behandeln diese von oben herab, bewahren sie aber vor jeder Arbeit, die nun Charitas übernehmen muss. Doch alle sind freundlich und die Arbeit ist nicht allzu schwer, nur in der Schule kommt sie nicht gut mit. Dort weht ein strenger Wind. An der Tafel wird sie, die Tochter eines Naturforschers, als Unkundige bloßgestellt. Als Amalie Dietrich unerwartet zurückkommt, findet sie im Forsthaus eine fremde Familie vor und muss sich zu Mann und Tochter durchschlagen. Entsetzt darüber, dass der Ehemann die Tochter im Stich gelassen hat, trennt sie sich endgültig von ihm und betreibt das Präparieren der Pflanzen von nun an im eigenen Namen und zusammen mit der Tochter. Von Wilhelm hat sie genug gelernt, sie kann mit den Präparaten inzwischen besser umgehen als er. Aber noch immer ist das Problem ungelöst, was mit Charitas werden soll, wenn die Mutter auf Sammelreise gehen muss. Vorläufig bleibt sie bei Bekannten im Dorf.

Inzwischen sind die Sammlungen von Amalie Dietrich in der gelehrten Welt gesucht. Ein großes Interesse an Naturwissenschaften ist erwacht und in Schulen und Universitäten besteht großer Bedarf an Anschauungsmaterial. Sie beschafft sich Adressen von möglichen Abnehmern – Apotheken, Schulen, Gelehrten. Nicht nur zu medizinischen oder pharmazeutischen Zwecken wird gesammelt, die Präparate dienen auch als reines Anschauungsmaterial in privaten Gelehrtenhaushalten. In einem Brief an den Bruder schreibt sie (wie es die Tochter wiedergibt): »Man begegnet mir in den gebildeten Ständen überall mit großer Achtung, ich werde mit der Familie bekannt gemacht, und oft wird noch der oder jener Professor dazugeholt.«

Sie hat unter anderem Kontakt mit dem Botaniker Heinrich Gottlieb Ludwig Reichenbach, den sie in Dresden kennenlernt. Sein Sohn wird derjenige sein, der ihre ersten Schiffsendungen von Australien in Empfang nimmt. Über Hamburger Apotheker kommt sie mit Heinrich Adolf Meyer, einem Kaufmann und Liebhaber der Botanik, in Kontakt, der sie wiederum 1862 mit Cesar Godeffroy bekannt macht, der 45 Niederlassungen, Agenturen und Plantagen in der Südsee besitzt und in Hamburg deshalb »König der Südsee« genannt wird. Er sammelt Objekte für ein geplantes Museum und rüstet eigene Forschungsreisen aus. In seinem Haus verkehren berühmte Naturwissenschaftler wie Ernst Haeckel und Rudolf Virchow. Er selbst erfasst schnell, dass Amalie hervorragend arbeitet und unterweist sie selbst im Jagen, in der Tierpräparation sowie dem Verpacken von Skeletten, auch menschlichen. Amalie Dietrich kann Godeffroy glänzende Referenzen vorlegen. Der berühmte Botanikprofessor Heinrich Moritz Willkomm empfiehlt ohne Einschränkungen ihr großes Talent. Für Amalie gibt es immer erst die Überlegung, wie sie Arbeit findet – dann erst, wo sie die Tochter unterbringen kann. So auch hier. Von Anfang an empfindet sie es als großes Glück, Forschungsreisende werden zu können – und sie weiß nicht, dass sie nur die Hälfte von dem als Verdienst bekommt, was Godeffroy sonst den Männern zahlt, die für ihn reisen. Erst nachdem sie schon zugesagt hat, offenbart sie der Frau Heinrich Meyers ihre Bedenken wegen Charitas. Sofort bietet diese an, für die Erziehung des Mädchens zu sorgen, und Amalie macht sich auf den Rückweg nach Siebenlehn in Sachsen, um Charitas zu holen und auch um sich endgültig von ihrem Mann zu verabschieden. Für das Mädchen öffnet sich eine neue Welt in der Obhut des Ehepaares Meyer, selbst wenn sie zum Lernen in ein Internat geschickt wird, später in eine Lehrerinnenbildungsanstalt. Sie wird in der Familie aufgenommen und so wird der Abschiedsschmerz durch einen gesellschaftlichen Aufstieg gelindert, auch wenn Mutter und Tochter sich auf ungewisse Zeit trennen müssen. Aus Eisenach, Wolfenbüttel und London erreichen sehnsuchtsvolle, aber auch zufriedene und dankbare Briefe die Mutter im fernen Australien, diese wiederum berichtet Charitas ihre Begegnungen mit Fauna, Flora und Eingeborenen. Über ihre erste Sammeltour berichtet die Mutter, wie es die Tochter überliefert: »Mit einem wahrhaft feierlichen Gefühl rüstete ich mich für meine erste Sammeltour im neuen Erdteil. Ich hing (sic) mir die Kapsel über die Schulter, steckte Mehl, Salz, Tee und Streichhölzer hinein, setzte den großen Strohhut auf und begab mich auf die Wanderschaft.« Allerdings schreibt sie auch von ihrer anfänglichen Angst, sich zu verlaufen oder mit feindlichen Eingeborenen zusammenzutreffen. Mit diesen aber macht sie gute Erfahrungen. Besonders auf den Tongainseln, einer der letzten Stationen ihrer Reise, gefallen ihr die »kraftvollen, schönen Gestalten, die der malaysischen Rasse angehören«. Unermüdlich sammelt sie, präpariert und versendet australische Pflanzen und Tiere, sogar menschliche Skelette in allen Entwicklungsstadien, in ihrer Heimat viel gelobt und bestaunt. 1867 wird ihr in Paris für ihre Holzsammlung aus Queensland ein Preis verliehen, im gleichen Jahr wird sie Ehrenmitglied der entomologischen Gesellschaft in Stettin. Und als »Sargassum Amaliae« hat eine Algenart Eingang in die Botanik gefunden, ebenso zahlreiche andere zoologische und botanische Objekte, die den Namen »Dietrichianus« tragen.

Als Amalie am 4. März 1873 aus Australien zurückkam, ganz unspektakulär mit dem Stader Dampfer, in den sie vom Schiff »Susanne Godeffroy« umgestiegen war, um schneller in Hamburg einzutreffen, war ihre Tochter bereits verlobt. Mit Christian Bischoff, einem Kandidaten der Theologie. Den hatte sie nach ihrer Rückkehr aus London bei den Meyers kennengelernt. In der Lebensbeschreibung ihrer Mutter schildert sie die Enttäuschung, die das zunächst für die Mutter bedeutete, denn Amalie hatte sich vorgestellt, nun endlich in Ruhe mit ihrer Tochter zusammenzuleben. Den Brief, in dem Charitas von ihrer Verlobung berichtet, hatte sie nicht erhalten. Erstaunlich, wie offen sich Mutter und Tochter ihre gegenseitigen Wünsche und Frustrationen mitteilen und doch in Selbstverständlichkeit verbunden bleiben. Oder ist alles nur Schau, nachträglich beschönigt? Hat Charitas ein Interesse gehabt, das Bild ihrer Mutter aufzupolieren? Es gab Gerüchte, dass Amalie in Australien Eingeborene töten ließ, um an Präparate zu kommen. Godeffroy sammelte nicht nur ethnologische Artefakte der Aborigines, sondern war auch an ihren menschlichen Besonderheiten interessiert. 1991 erschien in der »Newsweek« eine Reportage des Australiers David Monaghan, in der er Amalie Dietrich als »Engel des schwarzen Todes« bezeichnet. Mutterseelenallein sei sie in Queensland gewesen, wo sie außer Pflanzen, Tieren, Waffen und Alltagsgeräten auch Eingeborene selbst nach bestimmten Kriterien habe ausgesucht und töten lassen. Wie gesagt, Gerüchte. Schwer zu beweisen, denn sie war wie fast alle anderen Feldforscher allein. Und wie alle Gerüchte schwer wieder aus der Welt zu räumen. Eine harte Frau war Amalie sicherlich. Aber eine Mörderin? War sie eine »Gelehrte ohne Skrupel« oder doch nur leidenschaftliche Sammlerin, die sich auf alle natürlichen, auch menschlichen Skelettreste konzentrierte, die ihr erreichbar waren?

Amalie blieb 13 Jahre lang in der Nähe ihrer Sammlungen in Hamburg im Godeffroy'schen Museum, das 1886 nach dem Konkurs des Kaufmanns als Botanisches Museum in den Besitz der Stadt überging. Mit einer reichen Ausbeute war sie zurückgekehrt, neben Pflanzen auch mit einer großen Vogelsammlung. Dem Hamburgischen Zoo schenkte sie einen Weißbauchseeadler und einen Keilschwanzadler, beides seltene Tiere. Nach dem Konkurs Godeffroys übernahm die Stadt die Sorge für Amalie Dietrich und ließ sie als eine Art Kustodin arbeiten. Doch musste sie ihr Haus verlassen und hat die letzte Zeit ihres Lebens wie in den Anfangsjahren sehr bescheiden gelebt. Amalie in Hamburg, Charitas in Kiel. Nun mussten sich beide mit gelegentlichen Besuchen begnügen. Der Schwiegersohn Christian Bischoff wurde 1890 Pfarrer in Rendsburg. Dort verstarb Amalie bei einem Besuch 1891 an Lungenentzündung. Ihre Tochter hatte inzwischen als Schriftstellerin vor allem Erzählungen in der Kieler Zeitung veröffentlicht. Als sie drei Jahre nach dem Tod der Mutter verwitwete, zog sie nach Hamburg.

Beide Frauen waren selbstständig im Beruf, und das mit einer Selbstverständlichkeit, als hätten die Frauenrechtlerinnen ihrer Zeit es gar nicht nötig, für Studium und Stimmrecht vehement zu kämpfen. Die Sammlungen Amalie Dietrichs, die sie so berühmt machten, wurden allerdings zu großen Teilen bei den Bombenangriffen im Zweiten Weltkrieg zerstört. Nur ihre Herbarien blieben im Besitz des Hamburger Instituts für Allgemeine Botanik erhalten – immer noch in erstaunlich plastischer und ästhetischer Schönheit. Blüten, Blätter, Wurzeln, Samen und Früchte, fein auf große Bögen geheftet.

Lida Gustava Heymann

LIDA GUSTAVA HEYMANN
(1868 – 1943)

Hamburg hat eine Reihe couragierter Frauen aufzubieten. Charlotte Paulsen und alle, die mit ihr zusammenarbeiteten, Mary Marcus, die jüdische Pädagogin, und Lida Gustava Heymann, eine der frühen radikalen Feministinnen, im Vergleich mit anderen Pädagoginnen oder Politikerinnen die fremdartigste und schillerndste Gestalt, zugleich die, über die nur wenig bekannt ist, da sie sehr erfolgreich bestrebt war, ihre Person hinter ihrem Engagement verschwinden zu lassen.

Wie Lida Gustava Heymann erfahren musste, waren anständige Damen, die sich um das Verbot von Prostitution und Bordellen bemühten und um Prostituierte kümmerten, für die Gesellschaft nicht länger anständig.

Seit 1896 organisierte sie zunächst eine Suppenküche für Arme und bekämpfte dann die Prostitution in der Stadt Hamburg. Ihre Veranstaltungen für die Rechte der Frauen wurden von der Polizei verboten, sie selbst von ihrer Familie zur Außenseiterin gestempelt. Dabei waren es keinesfalls moralische Gründe, weshalb sie die Abschaffung der Prostitution forderte. Empörend war für sie, dass der Senat in Hamburg an den Bordellen mitverdiente, also vom Elend armer Frauen profitierte.

Die Frauenbewegung des ausgehenden 19. Jahrhunderts, zu dessen prominenten Vertreterinnen Lida Gustava Heymann gehörte, engagierte sich vor allem für zwei Themen: Abschaffung der kontrollierten Prostitution und Förderung des Frauenstimmrechts. Wie das jeweils geschah, war abhängig davon, zu welchem der beiden Lager der Frauenbewegung die Frauen sich zugehörig fühlten: zu den Bürgerlichen oder den Radikalen. Lida Gustava Heymann war radikal. Jedoch niemals sozialdemokratisch oder kommunistisch organisiert. Deren Repräsentantinnen wie Clara Zetkin oder Rosa Luxemburg stellten verbesserte Bedingungen für Arbeiter über die von Frauen.

Am Thema Prostitution empörten Heymann wie gesagt nicht die Frauen, die sich verkauften. Sie war nicht, wie andere Teile der Frauenbewegung, dafür, Prostituierte zu bestrafen oder sogar eine Anzeigepflicht für Ärzte einzufordern – ihrer Meinung nach handelten diese Frauen nur aus besonderer Notsituation heraus. Heymann entrüstete sich über die Männer, die daran verdienten, die Zuhälter, und die Obrigkeit, die den Bordellbetrieb kontrollierte. Es war ein Schock für junge Mädchen aus behüteter Familie, wenn sie erfuhren, dass die Männer ihres Standes, ihre zukünftigen Ehemänner, sich vor der Ehe und währenddessen Erfahrungen kaufen konnten, die für sie als Ehefrauen in der Folge auch mit Gefahren verbunden waren, mit Krankheiten oder solchen Leidenschaften, die sie von ihren Männern entfremdeten. Heymann dachte zwar zu keinem Zeitpunkt ihres Lebens an eine Ehe, schildert aber entsetzt, wie sie das erste Mal auf St. Pauli Frauen sieht, die sich in Fenstern anbieten. »Bordelle? Ich war 27 Jahre alt geworden, ohne zu wissen, was ein Bordell ist. Ich ... erfuhr, dass die Männer unter dem Vorwand hygienischer Notwendigkeit zur Befriedigung ihres überzüchteten Sexuallebens wahre Lasterhöhlen schufen, in denen die Frauen misshandelt, zur Ware gestempelt, ausgebeutet und obendrein als Paria gebrandmarkt wurden.« Starke Worte, bei denen es Männern kalt über den Rücken laufen dürfte. Auch Heymann war eine Paria im Deutschen Reich, aber aus anderen Gründen: weil sie sich männlicher Verfügbarkeit konsequent entzog.

Sie wählte diesen Weg stolz und bewusst. Und vor allem, ohne zu moralisieren. Andere Frauen wünschten nur die Anerkennung der Eigenständigkeit, eine Integration in die bestehende bürgerliche Gesellschaft. Die Frauenbewegung zersplitterte sich in eine Gleichheitsbewegung, die der in bürgerlicher Ehe lebenden Frau Rechte auf Bildung ermöglichen sollte, weil dies der Kindererziehung zugute kommen würde, und in eine radikale Gruppierung, die sich um die sozial benachteiligten Frauen kümmerte, wie Dienstmädchen und Prostituierte, deren Situation, aus der sie sich aus eigener Kraft gar nicht befreien konnten, verbessert werden sollte. Man kann auch sagen: Es gab idealistische Erzieherinnen des Menschengeschlechts auf der einen und Realistinnen auf der anderen Seite. Für die bürgerlichen Frauen war es ein Anliegen, als nicht verheiratete Frau das Recht auf einen Beruf zu haben, in der Regel einen Erzieherinnen- oder Lehrerinnenberuf. Damit wurden sie automatisch zur Keuschheit verpflichtet, denn Beamtinnen war eine Heirat verboten. Für Frauen wie Gertrud Bäumer, die zusammen mit ihrer Freundin, der Frauenrechtlerin Helene Lange, von 1917 bis 1920 in Hamburg am Sozialpädagogischen Institut gelehrt hat, kein Problem, denn sie behauptete, dass Frauen unter sexueller Askese nicht litten, sondern durch den Verzicht mehr Freiheit gewinnen würden. Es ging bei der Auseinandersetzung der beiden Gruppen also letzten Endes um die Anerkennung der Frau als sexuelles Wesen, das frei über sich bestimmen kann. Auch wenn das nie offen thematisiert wurde. »Freie Liebe« aber wurde selbst in den radikalen Kreisen nur einzelnen Individuen zugestanden, jedenfalls wurde sie nicht nach außen offen gelebt, weder als heterosexuelle Gemeinschaft und noch weniger als gleichgeschlechtliche Liebe. Es verwundert, dass eine nach außen so offensive Frau wie Heymann, die sich nicht scheute, anzuecken und in den Augen der Gesellschaft skandalöse Positionen einzunehmen, sich nie über das für sie wichtige Thema der Frauenliebe äußerte.

Nach Meinung beider Gruppierungen, die sich für Prostituierte einsetzten, waren diese ausschließlich ausgebeutete Objekte, die unverschuldet durch die abscheulichen Neigungen der Männer ins Unglück geraten waren. In den Elendsvierteln von Alt-Hamburg und St. Pauli verbot sich jeder Gedanke an kokette Frauen, Kurtisanen, die sich eines bequemen Lebens wegen auf Kosten von Männern aushalten ließen oder eine selbstbestimmte Sexualität für sich beanspruchten. Diesen Frauen begegneten die Geschlechtsgenossinnen in der Regel nur in der Literatur, der Amoralität von Hetären, römischen Kurtisanen, Hofgesellschaften oder jungen Schönheiten wie Manon Lescaut, die im gleichnamigen Roman von Abbé Prévost auftaucht. Die Faszination eines geheimen Boudoirs wurde nur hinter geschlossener Tür betuschelt, auf Opernbühnen gezeigt und sicherlich von Frauen gelebt, mit denen die ehrbaren Bürgerinnen oder die radikalen Frauenrechtlerinnen nie zu tun hatten. Heymann und ihre Lebensgefährtin Anita Augspurg trafen allerdings eine solche Frau: Franziska Gräfin zu Reventlow, uneheliche Mutter mit Liebhabern aus der Bohème, die oft bei ihnen zu Besuch war, um in Ruhe zu schreiben. Reventlow genoss die Großzügigkeit der beiden, machte sich aber auch über sie lustig: »Es ist uns aus guter Quelle bekannt, dass hier in München im vorigen Jahr eine Versammlung von viragines stattfand, wo unter anderem auch die Frage aufgeworfen wurde, ob die Männer überhaupt noch zum Geschlechtsgenuss zugelassen werden sollten.«

Nicht um die Lebedamen ging es den um Frauenrechte Kämpfenden, es sollten die armen verführten Mädchen vom Lande aus den Fängen ihrer Zuhälter und der Polizei, die abkassierte, befreit werden. Doch auch bürgerliche Frauen wollten sich besser geschützt fühlen, ein wesentliches Motiv für das Engagement. Da Prostitution offiziell verboten war, mussten sich die Frauen unter dem Deckmantel äußerer Unauffälligkeit ihre Freier suchen. Sie waren nicht in der Öffentlichkeit präsent, weder durch auffällige Kleidung noch bestimmte Örtlichkeiten. So konnte es geschehen, dass auch anständige Frauen sich Angeboten ausgesetzt fühlten, »mann« konnte ja nicht wissen, ob ein käufliches Mädchen oder eine keusche Bürgerin vor ihm stand. Das schränkte die Bewegungsfreiheit jeder Frau ein. Und Fortschritt bedeutete, dass Frauen sich auch ohne männlichen Schutz in der Öffentlichkeit aufhalten konnten. Die Empörung wuchs, wenn wieder einmal eine Bürgerstochter von der Polizei verhaftet und der Prostitution beschuldigt wurde, die von den Vorgängen, die ihr zur Last gelegt wurden, keine Ahnung hatte. Die bürgerlichen Frauen wollten mit der Abschaffung der Prostitution die Moral heben, die radikalen aber gegen die Doppelmoral des Staates kämpfen, der offiziell verbot und schweigend mitverdiente. Umso mehr wurde die radikale Gruppierung politisch verdächtig. Wenn Lida Gustava Heymann in Hamburg Vorträge über das Thema ankündigte, mussten viele Tricks angewendet werden, um ein Verbot der Veranstaltung zu verhindern. Ob die Prostitution verboten werden soll, um die Männer gar nicht erst in Versuchung zu führen, oder ob es gegen den Männerstaat direkt geht, ist ein großer Unterschied in der Zielsetzung und teilte die frühe Frauenbewegung.

Niemand wird mehr erfahren, warum Lida Gustava Heymann ihr ganzes Leben lang so konsequent Männer ablehnte. In ihren

Erinnerungen »Erlebtes, Erschautes« verweigert sie jede psychologische Erklärung, wie sie überhaupt Privates nur äußert, wenn es dem ideologischen Engagement dient. Wir erfahren nur, dass sie sich als junge Frau niemals in einen Mann verliebt hat. Außer über ihren Vater und einen befreundeten Dr. Gieschen, der zur Freisinnigen Volkspartei gehörte und die junge Lida Gustava auf Reisen als Begleiterin seiner Familie mitnahm, hat sie sich Männern gegenüber nur ablehnend geäußert. Über ihren ersten Ball habe sie folgendermaßen ihren Eltern am nächsten Morgen berichtet, schreibt sie und klingt dabei vernünftiger als jede Großmutter: »Einmal und nie wieder, eine solche Gesellschaft ist ja ekelhaft, der reinste Heiratsmarkt, und die Unterhaltungen der Männer zu albern und dumm. Zu einem solchen Blödsinn gebe ich meine Zeit nicht her, da bleibe ich lieber daheim und lese ein gutes Buch.« Eine zweite Tanzgesellschaft hat sie nicht besucht. Obwohl sie nach dem Besuch der höheren Töchterschule in Dresden noch 11 Jahre bis zum Tod des Vaters im Elternhaus lebte, bleibt ein Abstand zur Mutter. Als junges Mädchen lernt sie den unbedingten Gehorsam der Mutter dem älteren Vater gegenüber verachten. Niemals will sie »untertan sein« wie ihre Mutter. Der Vater ist es, der ihr ein Beispiel für unabhängiges Denken gibt, er ist Impfgegner und riskiert es sogar, sich dadurch strafbar zu machen. Die Ehe zwischen den Eltern ist nicht glücklich, die Mutter »ewig im Kindbett«, von den neun Kindern überleben nur die fünf Mädchen. Lida Gustava ist die mittlere, am 15. März 1868 geboren, ein »ungezogenes Gassenmädel«, wie eine Gouvernante sie beschimpft.

Ganz früh erkennt sie die unterschiedliche Behandlung von männlichen und weiblichen Bediensteten, was ihr Gerechtigkeitsgefühl weckt. Beim Besuch einer Schwester, die einen pommerschen Landadeligen geheiratet hat, rückt ihr der Unterschied zwischen Arm und Reich noch viel stärker ins Bewusstsein als in Hamburg. Der Kontrast zwischen schlossähnlichen Gutshäusern und ärmlichsten Hütten schockiert sie ebenso wie der ausgeprägte Standes- und Männlichkeitsdünkel, dem sie begegnet. Hier hört sie, sechzehnjährig, ihren Schwager über die angebliche Minderwertigkeit der Frau reden. »Über das Spucken war ich damals hinaus; kurz entschlossen stand ich auf, verließ das Zimmer und warf die Tür schallend ins Schloss.« Erlebnisse wie dieses bestätigen sie in ihrer Überzeugung, sich selbst niemals in die Abhängigkeit einer Ehe begeben zu wollen. An den Männern missfällt ihr die Galanterie Frauen gegenüber ebenso wie die Missachtung, mit der sie besonders ihren Ehefrauen, also den von ihnen Abhängigen, begegnen. Als sie erlebt, wie Bedienstete geschlagen werden, ist das für sie ein Grund, sich von dieser Verwandtschaft zu trennen.

Lida Gustava fühlte sich einsam und unnütz in ihrer Jugend. Sie gehörte nirgendwohin. Nicht zu Vater noch Mutter, nicht zu den älteren Schwestern, nicht zu Freundinnen, die sich auf ein Leben als Hausfrau und Mutter vorbereiteten und nicht zu den proletarischen Frauen, die sie unterrichtete. Sie wartete. Dem einzigen Mann in ihrem Leben, den sie verehrte, verdankte sie schließlich ihre Unabhängigkeit. Ihr Vater hatte sie in seine Geschäfte eingeführt und betraute sie testamentarisch mit der Verwaltung seines Vermögens, als er 1896 starb.

Das Nachlassgericht wollte zunächst nicht anerkennen, dass eine Frau als Nachlassverwalterin seines Vermögens bestellt wurde. Die übrigen Verwandten ebenso. Erst ein Präzedenzfall aus dem 13. Jahrhundert, in dem eine Frau nachweislich als Testamentsvollstreckerin erwähnt wurde, musste bemüht werden, um ihr die testamentarisch verliehenen Rechte als

Vermögensverwalterin zuzugestehen. Nun erlebt Lida Gustava Heymann, dass wirtschaftliche Unabhängigkeit die erste Voraussetzung für Selbstbehauptung und Weiterentwicklung ist. »Es ist mir immer unverständlich geblieben, dass nur so wenige Frauen das richtig erkannten«, schreibt sie. Zugleich beschließt sie, die ihr durch gute wirtschaftliche Verhältnisse gegebene Unabhängigkeit nutzbringend einzusetzen, sie lernt, studiert und engagiert sich politisch. Und das lebenslang. Zunächst steckt sie ihr Geld in einen Mittagstisch für Arbeiterinnen – »da der Besuch von Restaurants 1896 in Hamburg für junge Mädchen ohne Begleitung nicht in Frage kam ...« – und gründet einen Kinderhort. In Nähkursen können Frauen lernen, sich ein Auskommen oder einen Zusatzverdienst zu sichern. In den von ihr eingerichteten Badehäusern können sich die eng zusammengepfercht lebenden Bewohnerinnen der Stadt waschen. In dem von ihr gegründeten Frauenzentrum in der Hamburger Innenstadt, zunächst Rathausstraße 9, dann Paulstraße 25, hielt sie Beratungsstunden für Frauen ab. Dabei empörten sie besonders die Berichte junger Ehefrauen, deren Männer glaubten, völlig über sie und ihre Körper verfügen zu können. »Ausbeutung durch den Arbeitgeber war wenig erfreulich«, schreibt sie, »aber die durch den Ehemann geradezu verzweiflungsvoll.«

Ihre ablehnende Haltung Männern gegenüber entfernte sie von den gemäßigten Fraktionen der Frauenbewegung. In diesem Punkt trifft sie sich mit ihrer späteren Freundin, der Juristin Anita Augspurg, die sich in Artikeln kritisch zum deutschen Eherecht äußert. Unter den gegebenen Bedingungen sollte eigentlich keine Frau eine gesetzliche Bindung eingehen. Dies befolgten die beiden – und lebten auf ihre Art eine freie Verbindung.

Lida Gustava lernt die 11 Jahre ältere Anita Augspurg, die in Zürich studierte, der einzigen Universität, die sich damals Frauen geöffnet hatte, kennen, als sie im September 1896 in Berlin den Internationalen Frauenkongress besucht. Augspurg steht gerade vor ihrem Jura-Examen, war vorher Schauspielerin, Fotografin, Künstlerin, jetzt ist sie die erste Juristin Deutschlands und Frauenrechtlerin der ersten Stunde. Und wie Lida Gustava wohlhabend und unabhängig, an das Münchner Bohèmeleben gewöhnt.

Anita Augspurg war von Freundinnen und Kampfgefährtinnen umgeben und hatte immer mit weiblichen Partnerinnen zusammengelebt und gearbeitet. Die Begegnung mit der Hanseatin Lida Gustava Heymann aber wird nun bis ans Lebensende für beide bestimmend. Freundinnen wie Martha Cauer, die ebenfalls politisch tätig waren, empfanden Lida Gustava als jemanden, der mit Anita Augspurg eine »Symbiose« bildete und sie gegen andere abschottete. Interessant ist die Ansicht über Sexualität, die Anita Augspurg zufolge nur zur Fortpflanzung dient: »Das Sexualleben dient in der Natur dem Zweck der Erhaltung und Verbesserung der Art; im Kulturleben ist es Selbstzweck geworden ..., wirkt zerstörend.« Liebe als »Geheimnis zweier Menschen« ist reine Privatsache, soll nicht wie die Ehe öffentlich werden. Über gleichgeschlechtliche Liebe haben sich beide Frauen nie geäußert. Bei öffentlichen Diskussionen über weibliche Homosexualität haben sie, wie erwähnt, untypischerweise geschwiegen und die Kämpfe gegen den Paragraphen 175, unter den auch Frauen fallen sollten, anderen überlassen.

Anita Augspurg ist es, die Lida Gustava Heymann endgültig von Hamburg fortführt, wo inzwischen ein Prozess gegen sie läuft. 1902 strengte der Hamburger Verein der Abolitionistischen Föderation, der sich gegen die gesellschaftliche Doppelmoral wendete, die einerseits Prostitution gesetzlich verbot, andererseits Bordelle duldete, einen Prozess gegen einen Bordellbesitzer wegen Kuppelei an.

Als nichts passierte, erging sogar Klage an den Hamburger Senat wegen »Justizverweigerung«. Lida Gustava Heymann wurde der Übertreibung bezichtigt. In ihren Memoiren schreibt sie: »Vor diesem Männerstaat mit seinen unwürdigen Einrichtungen verloren wir den letzten Schimmer von Achtung.« Natürlich sind solche Personen wie sie gefährlich, aber es zeigte sich, ihr Einfluss war gering.

1903 verließ Lida Gustava endgültig Hamburg, um mit Anita Augspurg zusammenzuleben, und kam nur noch gelegentlich zu Vereinssitzungen zurück. Mit 35 Jahren begann sie zu studieren, im Sommer in München, wo sie bei Anita Augspurg wohnte, im Winter an der Universität Berlin. Sie studierte alles, was sie interessierte. Und sie begann in Zeitschriften zu publizieren. Eine von Anita Augspurg redaktionell betreute Zeitschrift widmete sich dem Frauenstimmrecht. Immer mehr Artikel stammen in der Folgezeit von Heymann. Eine Zeit lang arbeiten sie aktiv in den Vorständen verschiedener Frauenvereine, ziehen sich aber immer mehr aufs Land zurück, wo Augspurg, die auch Landwirtschaft studiert hat, seit 1905 einen Gutshof, »Im Wiesel«, in Irschenhausen besitzt. Dort lebt sie als begeisterte Bäuerin, wenn ihr die Politik Zeit dazu lässt. Die Außenkontakte übernimmt Lida Gustava Heymann, deren Einfluss auf die ältere Freundin von vielen beklagt wird. Lida scheint ein aggressiver Mensch gewesen zu sein, herrisch und verletzend. Von unbedingter Loyalität nur der Freundin gegenüber, die sie abschirmt und bei Krankheiten pflegt. Die enge Verbindung der beiden bewirkt eine Zersplitterung der Frauenstimmrechtsbewegung. Während Augspurg die englischen Suffragetten bewundert und in Deutschland am liebsten radikalere Töne angeschlagen hätte, gibt es auch in ihrer Fraktion Frauen, die das nicht mitmachen wollen. Wie verschieden Frauen sein können, beschreibt Lida Gustava in ihren Memoiren. Sie stellen auf dem Hof möglichst nur Frauen ein, so auch Verwalterinnen. Die eine, Hünin aus altem Bauerngeschlecht, schlägt sich mit Männern und siegt auch noch. Die andere, gebildet und zart, imponiert durch ihre geistigen Kräfte. Inzwischen haben sie sich vergrößert und wohnen im »Siglhof«, einem Gut von 300 Hektar. Wie schon beim »Wiesel«, das vermietet wurde, war es vor allem die Panoramalage, die sie dazu verführte, dieses immense Arbeitspensum der Hofbewirtschaftung auf sich zu nehmen.

1913 gründen Augspurg und Heymann einen dritten Frauenstimmrechtsverband, tragen damit zur Grüppchenbildung innerhalb der Frauenbewegung bei. Sie begrüßen sogar den »Deutschen Bund zur Bekämpfung der Frauenemanzipation«, denn nun empfinden sie sich als ernst genommen. Allerdings ein gefährlicher Ernst, hier wirft eine Bewegung Schatten voraus, die später feministisches Engagement mit Judentum gleichsetzt. Von den Nationalsozialisten wird vor allem Anita Augspurg als »Jüdin und Sozialistin« bezeichnet und so wehrt sie sich in den späteren gemeinsamen Aufzeichnungen mit Lida Gustava Heymann dagegen, eine jüdische Herkunft zu haben. 1913 erkrankt sie schwer und zieht sich aus allen Ämtern zurück. Lida Gustava pflegt die Freundin aufopfernd. Als sie gesund wird, bricht der Erste Weltkrieg aus und das dritte große politische Thema bewegt das Leben der beiden Frauen: der Pazifismus. Dieses Engagement bringt Lida Gustava sogar ein Aufenthaltsverbot in ihrer Heimatstadt Hamburg ein. Sie sind zu Beginn des Ersten Weltkrieges nach München gezogen, der Gutshof war durch ungeklärte Brandstiftung verloren gegangen. Dort lässt es sich bequemer leben und Ärzte sind besser erreichbar. Sie werden aber später noch einmal versuchen, sich auf dem Land niederzulassen, 1916 auf der »Burg Sonnensturm«, von ihnen selbst entworfen, aber 1923 zugunsten weiterer politischer Arbeit wieder aufgegeben, weil das Geld in der Inflationszeit nicht reichte.

Die ihnen nahestehenden Frauenvereine werden bald Deckorganisationen für den verbotenen Pazifismus. Alles, was Heymann dazu geschrieben hat, vor allem ihre Anklage gegen Vergewaltigungen, die aus jedem Krieg einen machen, der sich schließlich gegen Frauen richtet, ist heute noch aktuell. Hundert Jahre vor Begriffsbildungen wie Europäische Union oder Globalisierung haben sie und Augspurg politische Forderungen gestellt, die jetzt erst als Meinung zum »mainstream« geworden sind: Einsatz für Verfolgte und Flüchtlinge, Kampf gegen Rassenungleichheit und Folter, gleicher Lohn für alle, Gleichstellung unehelicher Kinder. Kurz gesagt, es war nichts umsonst in beider kämpferischem Leben.

In der Wohnung von Augspurg und Heymann in der Münchner Kaulbachstraße fanden illegale Versammlungen statt und nach dem Ende des Krieges erlebten die Frauen die Gefahren der Münchner Räterepublik. Sie setzen sich politisch für Kurt Eisner ein. Plötzlich scheinen sie der Verwirklichung ihrer Vorstellungen ganz nahe gekommen zu sein. 1919 erscheint die erste Nummer einer neu gegründeten Zeitschrift »Die Frau und der Staat«, die bis 1933 von Augspurg und Heymann herausgegeben wird. Eine fast fünfzehnjährige Arbeit, die einzige ernstzunehmende Frauenpublikation in einem Männerstaat. Die Herausgabe der Zeitung wurde durch Verbot 1933 eingestellt. In den Memoiren schreibt Lida Gustava: »Die endgültige

Aufgabe traf uns hart – aber lieber in Ehren untergehen, als ein geistig und moralisch vergewaltigtes Werk sich fortfristen lassen.« In der Weimarer Republik geben beide Frauen ein Zeichen für ihren engagierten politischen Standpunkt, sie kandidieren sogar für die Unabhängigen Sozialdemokraten, werden aber nicht gewählt. Tief erschüttert und empört beklagen sie die Ermordung Kurt Eisners und später Gustav Landauers. Das Ende der Münchner Räterepublik treibt beide Frauen zunächst in die Schweiz, wo sie an einem internationalen Frauenkongress teilnehmen und sich wie in einer »Oase« fühlen. Mit der dort gegründeten Frauenliga ergeht es ihnen aber wie mit fast allen anderen Verbänden, die sie mitgegründet haben: Sie wenden sich irgendwann enttäuscht ab, weil ihre radikalen Erwartungen nicht erfüllt werden. Weder religiöse noch nationale Interessen sind im Sinne von Augspurg und Heymann und gerade diese erstarken in den zwanziger Jahren. 1924 reisen sie in die USA, wo ein Kongress stattfindet, und sehen sich bei ihrer Rückkehr so angefeindet wie nie zuvor. Versuche der beiden, 1923 eine Ausweisung Hitlers zu beantragen, sind ehrenhaft, aber vergeblich. Der Putschversuch der Nationalsozialisten zeigt ihnen die Gefahr, in der sie zukünftig leben werden: Beide stehen auf der Liste der zu liquidierenden Personen.

In den nächsten Jahren versuchen sie den Veränderungen in Deutschland durch lange Auslandsreisen zu entgehen, unternehmen Wanderungen zu Fuß und mit dem Rad, seit 1927 auch mit dem Auto.

Zwei reiche Lesben mit modischen Kurzhaarfrisuren, die sich nach ihren politischen Kämpfen ein luxuriöses Reiseleben leisten? Die zurückgezogene Variante von Gertrude Stein und Natalie Barney? Oder zwei freundschaftlich Gleichgesinnte, die sich gemeinsam stärker fühlten? Genau weiß es keiner.

Im Winter reisen die inzwischen älter gewordenen Damen in den Süden, so auch am 22. Januar 1933. Auf Mallorca erleben sie bei ihrer amerikanischen Freundin Madeleine Doty paradiesische Frühlingstage: »Täglich in der Frühe rückten aus der eine halbe Stunde entfernten Stadt Palma zwei lebensfrohe, hübsche, junge Mädchen ein, beladen mit Obst und köstlichen frischen Gemüsen. Sie säuberten das Haus, bereiteten uns schmackhafte Gerichte und zogen nachmittags wieder heim. Es waren zutunliche Geschöpfe, sie erzählten uns von ihrem Leben, Denken und Liebeleien; im Überschwang ihrer Gefühle herzten und küssten sie uns ...« In diesem Schlaraffenland erfahren sie die Ernennung Hitlers zum Reichskanzler und reisen zunächst weiter auf des verehrten Goethes Spuren nach Sizilien. Im März erscheint noch eine letzte Nummer von »Die Frau und der Staat«, dann wird ihnen klar, dass an eine Rückkehr nicht zu denken ist. Fünf Jahre reisen sie in der Schweiz und im Ausland herum, wohnen bei Freundinnen und in Hotels. Ihre Staatsangehörigkeit wird ihnen 1934 aberkannt, ihr Vermögen konfisziert. Heymanns Rente kassierte das Land Bayern. Sie waren plötzlich arm, abhängig von Zuwendungen freundlicher Menschen, müssen vom Schreiben von Artikeln leben, möglichst anonym, da Emigranten keine Arbeitserlaubnis in der Schweiz bekamen.

Die letzten zehn Jahre sind schwer für die beiden Frauen. Seit 1937 können sie aus gesundheitlichen Gründen nicht mehr reisen und wohnen in einer kleinen Dachwohnung. Anita Augspurg wird inzwischen immer pflegebedürftiger. Politische Arbeit ist nicht mehr möglich, und so beschließen die Freundinnen, an ihren Erinnerungen zu arbeiten. Vieles müssen sie aus dem Kopf rekonstruieren, denn die Unterlagen sind in ihrem Haus in Bayern geblieben. Vergeblich bleibt die Suche nach einem

Verleger, selbst Vorbestellungen nützen nichts. Das meiste schrieb Lida Gustava Heymann, denn Augspurg war zu krank, zu vergesslich. Über das Manuskript urteilt ein Gutachter: »Was die sicher ausgezeichnete Frau erlebt hat, bildet ein sehr interessantes Material; aber die Gabe des Erzählenkönnens hat ihr keine gute Fee in die Wiege gelegt.« Erst 1992 wird das Buch publiziert.

Selbst schwer an Krebs erkrankt, organisiert Lida Gustava Heymann die Pflege für ihre altersschwache Freundin. Bei ihr selbst geht alles sehr schnell. Sie lehnt jede lebensverlängernde Therapie ab. Innerhalb eines halben Jahres verstirbt die elf Jahre Jüngere am 19. Juli 1943 vor der inzwischen stark altersverwirrten Lebensgefährtin. Aber die folgt ihr noch im Dezember desselben Jahres.

Lida Gustava Heymann hat ein freies Leben gelebt, kompromisslos und, was Männer angeht, sicherlich einseitig und durch negative Erfahrungen oder Vorurteile beeinflusst. Aber was wären die heutigen Frauen ohne die, die sich radikal für ihre Rechte eingesetzt haben? Vielleicht erkennen die, die alles unter einen Hut bringen wollen: Männer, Kinder, Karriere und politisches Engagement an ihrem Beispiel besser ihre Grenzen. Nicht alles ist möglich, wohl aber eine Entscheidung für eine bestimmte Lebensweise.

Ida Dehmel

IDA DEHMEL
(1870 – 1942)

Eifersüchtig war Ida Dehmel. Auf alle, die ihren Ehemann Richard von seinem durch sie inspirierten und ihr gewidmeten Werk ablenken könnten. So auch auf Else Lasker-Schüler, die sich schwärmerisch an den Verehrten wandte, den berühmten Dichter der Deutschen, den viele als zweiten Goethe betrachteten. »Oh du dunkler Kiefernfürst«, schwärmt sie, schreibt an den »Meister«, den »Kalifen« und Perserkönig »Kambyses«. Obwohl ihm ihre Dichterei zuweilen »über die Hutschnur« geht, empfiehlt er die Debütantin für den Kleistpreis, den sie allerdings erst 30 Jahre später bekommt. Zu Lebzeiten genoss Dehmel geradezu kultische Verehrung – seine zweite Frau Ida, geborene Coblenz, geschiedene Auerbach, dagegen stand in seinem Schatten. Sie zu mögen war viel schwerer, wie sich zeitgenössischen Aussagen entnehmen lässt. Aber während Richard heute fast vergessen ist, wird das Andenken an Ida als Gründerin der Künstlerinnenvereinigung Gedok und als »interessante Person« der Zeitgeschichte wach gehalten.

Doch nicht so sehr ihr eigenständiges Engagement in der Frauenbewegung, sondern ihre Schönheit und ihr unkonventionelles Leben garantieren ihr heute noch großes Interesse. Ida Dehmel ist die »femme fatale« der Hamburger Frauen.

Ihr Leben ist ihr Werk – und was das betrifft, so ist sie darin ihrem damals berühmten Mann ähnlich. Auch er bezog seine Wirkung zum großen Teil aus seinem Auftreten, seinem

Äußeren und seiner Biographie. Er war ein Mann der großen Gesten, einer, der seine Dichtung vortrug wie Prophetenworte, der in leidenschaftlicher Inbrunst am Elbufer herumraste, dabei mit wilden Schreien die Fischer erschreckte. Ein Verherrlicher männlicher Triebe. In den Gedichten aus dem Zyklus »Zwei Menschen«, zu dem ihn Ida inspirierte, geht es alles andere als geordnet zu: ein in Liebe verschlungenes Paar, sie schwanger von ihrem ungeliebten Ehemann, auch er noch gebunden.

Mehrere Versuche einer »Ehe zu dritt« hatte Dehmel bereits hinter sich, als er Ida Auerbach kennenlernt. Seine damalige Frau, Paula Oppenheimer, eine bekannte Kinderbuchautorin, wollte ihn mit aller Macht für die Familie halten. So tolerierte sie Dehmels Leidenschaft zur Haushaltshilfe ebenso wie sein Drängen und Leiden gegenüber der Dichterkollegin Hedwig Lachmann, die sich dem verheirateten Mann aber nicht hingab. Vor Ida aber musste Paula kapitulieren. Idas Sinnlichkeit heilte Dehmel von epileptischen Anfällen und Halluzinationen, Weinkrämpfen und Tobsuchtsanfällen.

Ida Coblenz, die schöne Jüdin aus Bingen am Rhein, war nicht unerfahren, was Dichter anging. Sie war schon Muse des frühen Stefan George gewesen, der in der Kunst ein Antipode Dehmels war. In Bingen hatte Ida den Bruder ihres Tanzstundenherrn kennengelernt, einen steifen, linkischen jungen Mann. Mit ihm erlebte sie das erste Mal, dass sie einen Dichter zu seinem Schaffensprozess anregen konnte. Den Wunsch, selbst Künstlerin oder Schriftstellerin oder sogar Musikerin zu werden, hatte sie früh aufgegeben. Vielseitig begabt, spürte sie dennoch ihre Grenzen. Zwar führte sie Tagebuch, veröffentlichte in der »Neuen Badischen Landeszeitung« ihres Schwagers gelegentlich kleine Artikel, schrieb später einen unveröffentlichten Roman über ihr Leben und verfertigte kunstgewerbliche

Arbeiten, aber sie blieb vor allem Kunst-Rezipientin. Dies tat sie jedoch so klug und mit solcher Leidenschaft, dass große Künstler sich wünschten, von ihr verstanden zu werden. Als sie Stefan George traf, hatte dieser gerade seine ersten Verse veröffentlicht. Keiner im Freundeskreis verstand die Gedichte, aber Ida traute man das zu und brachte beide zusammen. Der besondere Nimbus, den Stefan George sich gab, zog sie an, äußerlich fühlte sie sich eher abgestoßen. Er war ihr zu bleich, fahl und blutleer. Sie spürte: »nie ... würde er das Blut einer Frau erwärmen können«, eine außerordentlich klare Einfühlung in seine sexuelle Disposition.

Stefan George war zutiefst dankbar, in ihr jemanden zu finden, der seiner außergewöhnlichen Kunst zugewandt war. Nach Bewunderern verlangte es den Dichter, insbesondere nach der jungen Frau, die sich in ihrer Familie isoliert fühlte. Sie spürte in der Weltabgewandtheit Georges eine Kraft, die sie über das üblichen Menschen zugedachte Schicksal hinauszuheben vermochte. Sie wollte mehr als nur umschwärmt sein, mehr als den häuslichen Mittelpunkt einer Familie darstellen. Ihre Unzufriedenheit traf sich mit seinem Gefühl von allen, außer ihr, unverstanden zu sein. Kompliziert ausgehandelte Verabredungen folgen, aber nahe kommen sich beide nur in der Kunst. George versucht sogar, sie zur literarischen Mitarbeit zu bewegen. Bewundern will sie, auch eigenwillig-kritisch sein. Aber sich mit ihm demselben Metier zu widmen, das versagt sie ihm stolz. »Mein Reich ist nicht die Sprache«, schreibt sie ihm, »ich kann mich nur in Tönen ausströmen, vielleicht auch in Farben. Wenn ich an meinem Flügel sitze, bin ich Musiker, Maler und Dichter in Einem – ich habe aber noch nie Worte gefunden, die genügen, mein Empfinden auszudrücken. Und ein Bruchteil gebe ich nicht her, da ich doch ein Ganzes besitze!« Sie besitzt die Klugheit der Beschränkung sowie Grenzen zu erkennen und zu setzen. Und sie weiß um ihre eigenen Stärken. Ein Ganzes will sie als Liebende sein, darin dilettiert sie nicht wie in den anderen Künsten, da lebt sie das Unbedingte, welches sie als Allererste in den Gedichten Georges gefunden hat. Nur – ihn liebt sie nicht. George, in völliger Unkenntnis der Liebesfülle einer und speziell dieser Frau, diskutiert mit ihr heiße Liebesgedichte, in denen er seine Leidensbereitschaft einer »Schönen Dame« anbietet, aber Wünsche nach Fülle und Verschmelzung kann er weder wecken noch erfüllen.

Zur Erfüllung strebte dagegen schon früh Idas Jugendliebe zu dem Leutnant Heinz von Hahn. Diese lang andauernde Schwärmerei aber wird vom Vater unterbunden. Der junge Mann nimmt sogar Abschied vom Militär und will mit Ida auf das ererbte Landgut ziehen, doch der Vater bleibt hart, obwohl die Tochter darüber schwer erkrankt. Er will einen jüdischen Ehepartner für Ida, keinen preußischen Junker. Ida bleibt resigniert zurück, denkt sogar an Freitod, was ihr zeit ihres Lebens als Ausweg erscheinen wird.

Sie fühlt sich von ihrem Vater als »Ware« behandelt, als er ihre Verheiratung betreibt, gibt aber irgendwann auf, sich zu wehren. Wie viele Frauen hofft sie, dass der Käfig der Ehe nicht so eng ist wie der ihres Zuhauses. 1895 heiratet sie Leopold Auerbach, einen Berliner Kaufmann, und ist plötzlich reich, eine bewunderte Erscheinung in den Berliner Salons, zudem bald schwanger. Wie sehr der Ehemann seine junge Frau ebenso wie der Vater als »Ware« betrachtet, zeigt sich, als er seine Frau in Paris in die Tanzlokale von Montmartre mitnimmt und sie dort sich selbst überlässt, während er sich amüsiert. Man darf nicht vergessen, dass sie prüde erzogen wurde, dass Körperlichkeit ohne Geist sie nicht interessierte. Die Sexualität mit dem ungeliebten Mann ekelt sie sogar an. George hat ihr auf seltsame Weise zur Hochzeit gratuliert, ihr einfach nur ein Foto von sich geschickt, ohne jeden Kommentar. Sie schreibt ihm darauf: »Ich habe die Zusendung Ihres Bildes als stumme Frage aufgefasst, und darum will ich Ihnen sagen, dass ich ganz unverändert dieselbe bin.« Damit signalisiert sie ihm, dass die Freundschaft bestehen bleiben soll, ja für kurze Zeit wird George sogar der Vertraute der unglücklich Verheirateten: »Ja, ich kann mich nicht entsinnen, dass irgendein größeres Ereignis meines Lebens von so geringer Bedeutung für mich gewesen wäre als meine Eheschließung.« Und bald darauf klagt sie verzweifelt: »Es gibt für dieses Grauen, für dieses Grässliche keine Worte, keine Farben, keine Töne. Es ist dafür nur völlige Verzweiflung, Entsetzen bis zum Wahnsinn, Wahnsinn.« Zwar kann sie einen eigenen kulturellen Salon eröffnen, auch eine gewisse Rolle in der Berliner Gesellschaft spielen, aber ihre Zukunft scheint genau in die Bahn einer konventionellen Ehe zu gleiten, die sie nie gewollt hatte. Bei dieser völligen Verzweiflung, die sie äußert, ist es eigentlich verwunderlich, dass sie dann auf Richard Dehmel bei der ersten Begegnung den Eindruck einer stolzen, selbstständigen Frau erwecken konnte. Für Ida wird die Liebe zu Dehmel das bestimmende Lebensereignis. Für Dehmel ist es eigentlich nur die Wiederholung eines Musters. Hat sie gewusst, dass er ein Egoist war, einer, der andere für sich ausnutzen konnte, der von Frauen profitierte und sie dann ins Unglück stürzte? Immer auf der Suche nach einer »Erlösung« von seiner Triebhaftigkeit? Das war seiner Frau Paula für eine gewisse Zeit gelungen. Als Ida und Richard Dehmel sich kennen- und lieben lernten, war das für die von Arbeit und Geldsorgen überforderte junge Mutter Paula Dehmel nichts Neues. Sie wusste, dass ihr Mann immer auf der Jagd war, und hoffte nur, dass er bei ihr bliebe, wenn sie ihn jagen ließ. Die Lebensverwirrung von Richard Dehmel muss groß gewesen sein: der ungeliebte Beruf als Versicherungsangestellter, den er einfach aufgab, als seine Frau erbte, die nächtelangen Exzesse mit Künstlerkollegen im »Schwarzen Ferkel«, die vergeistigt-idealisierte Liebe zu Paula und den Kindern, die vergebliche zu Hedwig Lachmann – kein Wunder, dass dieser Mann sich erschöpfte, als auch noch Ida dazukam.

Die Bekanntschaft verdankt er ausgerechnet Stefan George, für den Ida sich bei dem bekannteren Dehmel einsetzt. Zunächst bekommt sie eine glatte Absage, denn Dehmel schätzt George gar nicht, weil dieser glaube, er habe die »Kunst gepachtet«, und nur einen »Tempel für Eingeweihte« wolle, während er, Dehmel, und die anderen Dichter der Zeitschrift »Pan« nicht Kunst um der Kunst willen, sondern Kunst um des Lebens willen schaffen wollen.

Was die literarische Wirkung angeht, so spricht diese »Kunst fürs Leben«-Formel nicht unbedingt für die bessere Zugänglichkeit dieser Kunstform, denn die Werke Dehmels werden heute auch nicht sehr viel mehr gelesen als Georges »Worte für Eingeweihte«. Der Streit um realistische oder experimentelle Formen wird weder durch Dehmel noch George entschieden, allerdings wird George in seiner Bedeutung höher eingeschätzt.

Macht der Brief der Frau Konsul Ida Auerbach den Adressaten Dehmel neugierig? Oder ist es das Geld, das Mäzenatentum, das er dahinter vermutet? Jedenfalls besucht er 1885 die im fünften Monat Schwangere zum ersten Mal – und es funkt sofort! Dehmel gesteht Ida später, ein »solches Ziehen« in ihren Augen gesehen zu haben, »dass ich mich festhalten musste, um nicht vor dir auf die Knie zu stürzen und zu sagen, mach mit mir, was du willst ...« Solchen Eindruck hat Ida hinterlassen, trotz ihrer verzweifelten Lebenssituation. Die Mischung aus

Stolz und Zurückhaltung und die Intensität ihrer Ausstrahlung gefällt Dehmel. Von Anfang an muss Ida gespürt haben, dass auch sie ihm vermittelt, was Dehmel von sich selbst behauptet: »... wer sich nicht wohl in meinem Bannkreis fühlt, sei es aus Kraft oder Schwäche, der kann ja gehen, ich halte keinen.« Diese gemeinsame Grundhaltung band sie ebenso zusammen wie die Sehnsucht nach großer Leidenschaft. Mehrfach spricht Dehmel bei ihr vor, einmal kommt es dabei zu einer schweigsamen Begegnung mit Stefan George, der nach einem Besuch gerade im Gehen begriffen ist. Die Liebe zu Dehmel bedeutet das Ende ihrer Freundschaft zu George, der Dehmels Dichtung wegen der in ihr enthaltenen Sozialkritik ablehnt. George verabschiedet sich von Ida mit den Worten: Wenn einer anfängt schön zu finden, was dem anderen gemein ist, dann sei es Zeit zum Abschiednehmen, berichtet sie.

Dehmel kommt auf die Idee, sie zu einer Sammlung zugunsten seines Freundes Detlev von Liliencron zu animieren. Sie verspricht, sich dafür einzusetzen, macht aber einen Rückzieher, als sie von dessen Unzuverlässigkeit hört. Daraufhin schreibt ihr Dehmel einen beleidigenden Brief, der aber schon viel von seinem Gefühl für sie verrät. Ida wiederum reagiert nicht, wie zu erwarten gewesen wäre, beleidigt, sondern ehrlich bedauernd. Und so gelingt es ihr, unmittelbarer an die Kunst anzuschließen, als es ihr bei George gelungen ist. Dehmels »Roman in Romanzen«, das vielgelesene Skandalbuch »Zwei Menschen«, erzählt in hohem Ton von Liebeswirren. Dehmel beseitigt hier auf literarischem Wege alle Störfaktoren ihrer Liebe: das Kind aus der ersten Ehe der Geliebten durch Mord, die Frau des Ich-Erzählers durch Selbstmord.

Ida scheint von beiden Liebenden die Kompromisslosere gewesen zu sein. Sie trennt sich schnell von ihrem Mann, obwohl sie ein kleines Kind hat, und zieht in Dehmels Nachbarhaus. Wieder kommen Ideen einer Ehe zu dritt auf, auch Hedwig Lachmann spielt immer noch eine Rolle. Dehmel wird lange hin- und hergerissen zwischen seiner Frau Paula, an die ihn nicht nur die Kinder, sondern auch eine Vielzahl geistiger Interessen binden, und der sinnlich-anziehenden Ida, die ihn aber ebenfalls geistig fesselt. Es darf bezweifelt werden, ob Dehmel sich je entschieden hätte. Es war Paula, die vor Ida resignierte und schließlich von sich aus auf ihn verzichtete. Ida hat ihn nie vor die Wahl gestellt. Im Gegenteil, sie bewahrte ihren Stolz: Am 4. Februar 1896 schreibt sie ihm: »Ich will mir um keinen mehr Sorgen machen und keinem will ich länger gut sein, und keinen will ich mehr lieb haben. Um mich soll sich keiner Sorgen machen, und keiner soll mir gut sein, und lieb haben soll mich auch keiner. Ich will hart und fest und kalt sein.« Sie musste auch noch einiges über sich ergehen lassen, zum Beispiel Reisen, die Dehmel mit seiner damaligen Frau und der Geliebten Hedwig Lachmann unternahm. Aber ausgerechnet nach Bingen führt diese die Reise, dem Geburtsort Idas, wo er überall ihre Präsenz spürt.

Ida hatte zudem einen handfesten Grund, sich endgültig von ihrem Ehemann zu trennen, da sie ihn mit einem Dienstmädchen erwischte. Dazu kommt ein geschäftlicher Bankrott. Der Vater reist an und sieht ein, dass er sich, was diese Ehe angeht, geirrt hat, verspricht ihr aber seine finanzielle Unterstützung. Gleichzeitig verblasst allmählich Dehmels Besessenheit von Hedwig Lachmann, denn diese heiratet den Philosophen und Sozialisten Gustav Landauer. In dieser Situation verzichtet Paula Dehmel auf ihren Mann und überlässt ihn Frau Isi, wie Ida genannt wird. Auch diese ist inzwischen deutlicher geworden: Paulas »Entweder – Oder« würde sie nach einer Entscheidung gegen sich damit beantworten, dass sie sich das Leben nähme: »Aber ganz ohne Dich dasitzen und auf ein Wunder warten, zu deutsch beten: ›Herrgott, lass Frau Paula sterben‹ und dabei vertrocknen – das kann ich nicht.«

Für Ida gab es inzwischen nur noch die Alternative, mit Dehmel zu leben oder zu sterben. Sie bestreitet, dass die Ehe Dehmels überhaupt noch einen Wert hat. Für Ida gab es nur noch ein Leben mit ihm, etwas anderes wollte sie nicht. Dass sie sich damit in eine Abhängigkeit begab, mag sie nicht so erlebt haben.

So ganz ohne Schlupflöcher war der Käfig nicht, den sie um ihn gebaut hat, wie Matthias Wegner eindrucksvoll in seiner Biographie über Ida Dehmel belegt. Dehmel bleibt der alte. Nach der Lektüre vergeht jede Sympathie für den Machtmenschen Dehmel, der alles mit sich machen lässt und von »Frau Isis« Stärke bleibt nur eine Hülse. Sie will sicherheitshalber die Heirat mit ihm, fordert offen: »Lass uns keine zigeunerhaften Zustände um uns dulden, lass uns eins sein auch nach dem Gesetz.«

Bis die jeweiligen Scheidungen erfolgt sind, gehen Ida und Dehmel zunächst auf Reisen, Idas kleinen Sohn bringen sie zu Liliencron nach Hamburg. Danach lassen sie sich ebenfalls in Hamburg nieder, doch nicht in Rahlstedt, wo der Freund Detlev von Liliencron lebt, sondern am anderen Ende der Stadt, in Blankenese an der Elbe. Für Ida bedeutet der Umzug nach Hamburg, die gerade im gesellschaftlichen Leben Berlins eroberte Stellung aufzugeben. Aber dafür lebt Dehmels erste Frau nun auch nicht mehr in unmittelbarer Nähe.

In Hamburg vermissten beide das liberale geistige Klima Berlins. Bald darauf dachten sie an einen Umzug, Weimar war im Gespräch, wo die Schwester Friedrich Nietzsches, Elisabeth Förster-Nietzsche, Hof hielt. Das Zusammentreffen der beiden hätte einiges an Konfliktstoff versprochen, denn Nietzsches Schwester war Antisemitin. Vom Judentum hatte Ida sich zwar entfernt, für Dehmel jedoch war das eher ein Grund, sich zu ihr hingezogen zu fühlen. Auch Paula war Jüdin, er schätzte ihre Intellektualität, die er damit verband. Aber das Judentum machte es für Ida in Hamburg nicht leicht. Für die Distanz, die sie innerlich dort spürte, dürfte es eine Rolle gespielt haben, dass in Hamburg, anders als in Berlin, die christlichen und die jüdischen Gesellschaftskreise getrennt existierten. In einem Brief an ihre Schwester schreibt Ida: »Die Gesellschaft war die beste, die es in Hamburg giebt. D. h. es giebt noch conservativere Kreise (u. die halten sich ja immer für die allervornehmsten), aber die kommen für moderne Menschen überhaupt nicht in Betracht, weil Fortschritt für diese Leute in keiner Form existiert ..., jetzt bin ich mir ganz klar darüber, die Hamburger sind typisch norddeutsche Provinzler ... Ich glaube doch, dass ein Durcheinanderverkehr vornehmer christlicher u. dito jüdischer Familien auf beide Teile günstig wirkt: daher kommt sicher in Mannheim, in Mainz, u. selbst in dem kleinen Bingen die Regsamkeit, die ich hier vermisse.«

Ob es ihr Judentum war oder ihre exotisch-schöne Erscheinung, sie blieb zwar beachtet, aber Außenseiterin. Dabei war Hamburg durchaus an fortschrittlicher Kunst interessiert. Es gab eine Reihe von Mäzenen, die Arbeiten moderner Künstler sammelten, wie der Richter Gustav Schiefler, der Gemälde von Edvard Munch ankaufte, oder die Kunsthistorikerin Rose Schapire, die Mäzenatin Karl Schmidt-Rottluffs war.

In den Erinnerungen Gustav Schieflers über das Kulturleben zwischen 1890 und 1920 finden sich wenig schmeichelhafte Äußerungen über Ida: »Ich glaube nicht, dass der Wunsch der Gattin, eine Rolle zu spielen, Dehmels dichterisches Schaffen günstig beeinflusst hat ... ich habe den Eindruck, als sei dennoch der Schmetterling im Spinnennetz hängen geblieben. Frauen dieser Art unterjochen und erniedrigen letzten Endes jeden Mann ...«

Dehmel, dessen Ehe mit Ida kinderlos blieb, hatte natürlich durch die Kinder immer wieder mit seiner ersten Frau Paula zu tun. Nach Schieflers Interpretation regte sich sogar ein schlechtes Gewissen in ihm, das er in seiner Dichtung »Träume« verarbeitete. Durch das Vorlesen dieses Werkes bei Schieflers wurde Ida in schwere Unruhe versetzt. Sie »ging in das obere Stockwerk und lief wie ein wildes Tier umher, klagend, sie könne es nicht aushalten, das anzuhören«.

Tatsächlich schien es kurz vor Beginn des Ersten Weltkrieges, als würde das Schicksal Ida noch einmal einen Spiegel vorhalten. Dehmel verliebte sich, wieder einmal in eine junge Dichterin, Maria Benemann, und verewigte seine Gefühle in den Versen seines letzten Gedichtbandes »Schöne wilde Welt«. Da konnten die Hamburger, die schon im Erfolgsbuch »Zwei Menschen« alles über Ida und den Dichter erfahren hatten, noch einmal durchs Schlüsselloch schauen. Schiefler weiß in dieser Zeit über Ida zu berichten, dass sie stark gealtert war und ihr »Weibtum« 1908 durch eine Operation verloren hatte. Sie und Dehmel hätten gern noch Kinder gehabt, aber das war jetzt unmöglich, deshalb luden sie häufiger die Kinder aus erster Ehe zu sich ein. Aber dennoch konnte sie nicht verhindern, dass Dehmel noch einmal alles wiederholen wollte. Sogar eine dritte Eheschließung scheint er erwogen zu haben. Den zweiten Frühling von Dehmel in den Jahren vor dem Ersten Weltkrieg beschreibt Gustav Schiefler so: »Ich habe ihn auf Gesellschaftsabenden und Sommerfesten mit jungen schönen Frauen so leidenschaftlich tanzen sehen, dass es an die Brunst eines Tieres gemahnte. Als ein Bild von unauslöschlicher Deutlichkeit hat es sich mir eingeprägt, wie er auf einem Maifest der Lessing-Gesellschaft mit Frau Luksch – den Hut weit zurück in den Nacken geschoben – auf grünem Rasen walzte.« Diese Frau war Elena Luksch-Makowsky, wie ihr Mann Richard Luksch Bildhauerin, zusammen mit Ida Dehmel gründete sie später die Gedok, die heute als Ida Dehmels Lebenswerk gilt.

1906 hatte Ida schon gemeinsam mit anderen Hamburgerinnen der feinen Gesellschaft einen Frauenclub gegründet, der vor allem weibliche Kunst fördern wollte. Sie selbst war kunsthandwerklich geschickt, stellte Lampenschirme und Schmuck her, liebte den Glanz von Farben und Licht. 1913 schloss sich der aus dem Frauenclub hervorgegangene »Bund niederdeutscher Künstlerinnen« dem »Frauenkunstverband« an, der gerade gegründet worden war. Ebenfalls machte sich Ida Dehmel für das Frauenstimmrecht stark. Sie gehörte dort zum bürgerlichen Flügel, war Mitbegründerin der »Deutschen Vereinigung für Frauenstimmrecht«, ein konservativer Gegenverein zu dem radikaleren »Deutschen Verband für Frauenstimmrecht«, der von Anita Augspurg und Lida Gustava Heymann vertreten wurde, die Ida als »wilde Weiber« titulierte. Ida war nie politisch engagiert, sie verstand sich immer nur als Vermittlerin für Kunst, der von Frauen und vor allem ihres Mannes.

Ida war treu, nicht nur ihrem Mann, auch seinem Werk. Zusammen mit ihm brachte sie eine Gesamtausgabe seiner Dichtungen heraus.

Als der Krieg ausbrach, war es für den patriotisch empfindenden Dehmel selbstverständlich, sich zum Kriegseinsatz zu melden. Im Nachhinein ist zu fragen, ob es nur nationaler Idealismus war, der ihn dazu bewegte, oder etwa auch eine gewisse Enttäuschung darüber, dass seine neuen Dramen nicht mehr so begeistert aufgenommen wurden. Auch in der Ehe wird die alte Liebe wohl nur noch heroisch verklärt. Krank und völlig desillusioniert kehrt Dehmel aus dem Krieg nach Hause, 1918 erreichen ihn die Nachrichten vom Tod der früheren Angebeteten Hedwig Lachmann und wenige Monate später vom Tod seiner ersten Frau Paula. Zwei Jahre später, am 8. Februar 1920, stirbt er an den Folgen einer Venen-Entzündung, die er sich im Schützengraben zugezogen hat. Ida ist plötzlich allein: Durch den Krieg hat sie erst ihren einzigen Sohn verloren, der 1917 an einem Kopfschuss starb, und nun ihren Mann.

Mehr als zwanzig Jahre lang widmet sie sich dem Nachlass Dehmels, den ihr endlich keine andere Frau mehr streitig machen konnte. Sie hütete das Dehmel-Haus in Blankenese, das der Architekt Walter Baedeker 1912 für das Paar errichtet hatte. Inmitten der Jugendstileinrichtung, die Urne mit der Asche ihres Mannes auf dem Bücherbord, wachte sie über sein Werk und kämpfte für sein Andenken.

Dass die Nationalsozialisten in Dehmel einen »echten deutschen Dichter« sahen, verschaffte ihr später einen gewissen Schutz, den andere Juden nicht hatten. Vor allem wurde es ihr ermöglicht, im gemeinsamen Haus wohnen zu bleiben, was finanziell nicht leicht war. 1926 verkaufte sie Dehmels Archiv, das sie jahrelang umsichtig geordnet hatte, an die Hamburger Stadt- und Universitätsbibliothek. Dennoch musste sie sich um den Erhalt sorgen, denn das Interesse an Dehmel ließ langsam nach.

1926 gründete sie, nachdem sie Jahre zuvor mit der Kunsthistorikerin Rosa Schapire und der Bildhauerin Elena Luksch-Makowsky den »Bund Hamburgischer Künstlerinnen und Kunstfreundinnen« ins Leben gerufen hatte, die Gedok, die »Gemeinschaft Deutscher und Oesterreichischer Künstlerinnenvereine aller Kunstgattungen«, deren Anliegen es war, die künstlerischen Talente von Frauen zu fördern. Als Vorsitzende kann sie viel zur Akzeptanz der Kunst von Frauen beitragen. Allerdings leidet sie zunehmend unter einer schweren Gichterkrankung. 1931 wollte sie von ihrem Vorstandsposten zurücktreten, wurde aber gebeten, weiterzumachen. Wenig später, nach der Machtergreifung Hitlers, war es für eine Jüdin unmöglich, einen Vorstandsposten in einem Verein zu bekleiden, sie musste ausscheiden.

Die letzten zehn Jahre lebte sie zurückgezogen, machte aber weite Auslandsreisen – doch nie mit der Absicht der Emigration. Es bleibt für sie unvorstellbar, das Dehmel-Haus aufzugeben. Sie macht Kreuzfahrten durchs Mittelmeer, nach Amerika und Asien. Ihre Krankheit quält sie und sie weiß, welchen Ausweg sie nehmen wird: »Jahrelange Fügsamkeit unter ärztlicher Vorschrift, jahrelange Qual, grauenvolles Ende. Ich mache das nicht mit«, notiert sie.

Nach der Rückkehr von der dritten Kreuzfahrt bereitet sie sich allmählich auf das Ende vor, ordnet das Testament, wird sogar gläubige Christin – ein Weg, das Judentum, an das sie sich nie gebunden gefühlt hat, auch für sich selbst abzulegen. Für die Schergen des Nationalsozialismus ist das allerdings ohne Bedeutung. Einflussreiche Freunde erreichen, dass sie zunächst von den Deportationen der Juden in die Konzentrationslager verschont bleibt. Sie weiß, was dort auf sie wartet. Am 29. September 1942, inzwischen alt, schwer krank und in Gefahr, aus dem Dehmel-Haus abtransportiert zu werden, wählt sie den Ausweg, den sie stets offen erwogen hat: den Freitod.

Ida Dehmel hat das Interesse für sich bis heute, mehr als 60 Jahre nach ihrem Tod, wach halten können. Ausstellungen, wissenschaftliche Aufsätze, eine umfassende Biographie – das alles für eine Frau, die selbst nicht schöpferisch tätig war. Sie war weder Schauspielerin, Malerin, Musikerin noch Dichterin. Sie hat dennoch viel bewegt, vor allem für die Künstlerinnen in Hamburg.

Das Schillernde ihrer Persönlichkeit, das sie zur Diva, zum Mythos bestimmte, ihre Stärke und Entschiedenheit, mit der sie ihr Leben einer unbedingten, durch keine Vernunft zu unterdrückenden Leidenschaft widmete – das macht sie auch heute noch zu einer faszinierenden Persönlichkeit, wie sie in der Hamburger Geschichte nur selten zu finden ist.

Margarete Susman

MARGARETE SUSMAN
(1872 – 1966)

Am 16. Januar 1966 starb 93-jährig die in Hamburg geborene
Schriftstellerin Margarete Susman. Zwei Jahre vor ihrem Tod
erschien ihr zu Ehren eine Festschrift mit dem Titel »Auf gespaltenem Pfad«, mit Beiträgen von Martin Buber, Ernst Bloch
und Hans-Georg Gadamer und Briefen, die unter anderen
Georg Lukács, Georg Simmel und Karl Wolfskehl an sie gerichtet hatten, um nur einige der Dichter und Philosophen zu
nennen, denen Margarete Susman in ihrem Leben verbunden
war. Dennoch ist sie heute unter Literaturwissenschaftlern nur
wenigen bekannt, die meisten ihrer Bücher sind nur noch in
Bibliotheken zugänglich. Zu Unrecht, denn die Auseinandersetzung mit Margarete Susman und ihrem Werk verspricht loh-
nende Einblicke in das intensive geistige Leben der jüdischen
Philosophin und Dichterin.

Ihr Werk ist durch eine erstaunliche Bandbreite gekennzeich-
net. Zunächst wird sie als Malerin ausgebildet, gewinnt Anerkennung mit einigen Gedichtbänden und entwickelt sich im
Verlauf weiterführender Studien zur Philosophin, die bemüht
ist, die Kluft zwischen den Menschen, zwischen Arm und Reich,
Juden und Christen, zu überbrücken. Im Mittelpunkt ihres Werkes steht der Gedanke an Versöhnung. Der Existenz des Bösen,
den erlebten Zerstörungen des 20. Jahrhunderts, hält sie trotz
allem die Macht der guten Tat entgegen.

1872 in einer wohlhabenden assimilierten jüdischen Familie
geboren, verbrachte Margarete Susman die ersten acht Jahre ihres Lebens in Hamburg. Nach behüteten Kinderjahren,
einer guten Schulbildung in der Schweiz, der Ausbildung an
Kunstakademien, dem späteren Studium bei Georg Simmel in
Berlin und der Heirat mit dem Maler Eduard von Bendemann
1906, hat sie später vor allem als Schriftstellerin und Publizistin gearbeitet.

Es war ihre Leidenschaft für das Wort, die sie vom Malen
zum Dichten brachte. Ihr Vater, der gegen ein wissenschaftli-
ches Studium seiner Tochter war, hatte gegen ihre schöngeisti-
gen Beschäftigungen nichts einzuwenden, gab sogar 1892 Gedichte von ihr in einem Privatdruck heraus. Nach seinem Tod
1894 bestärkte die Verwandtschaft Margarete Susman darin,
Malerei zu studieren, zunächst in Düsseldorf, dann ab 1898
in München, wo sie aber vor allem dichtete. In ihrer Pension
lernte sie Erwin Kircher kennen, einen jungen Philosophen,
der sie zu Vorlesungen mitnahm und als Dichterin ermunterte.
Die Liebe zu diesem jungen, sterbenskranken Menschen blieb
ebenso ohne Erfüllung wie alle anderen Liebesbeziehungen außer ihrer Ehe. Fast könnte man vermuten, dass die Bedeutung
des Sprechens, der Worte so sinnlich und bestimmend für sie
war, dass das Körperliche keine bedeutende Rolle mehr spielte.
Was das betraf, so war Margarete Susman ein Kind des 19. Jahrhunderts; ihr späterer Verehrer Ernst Bloch nannte sie deshalb
»Hamburgerin«, »und eine Hamburgerin ist es sich schuldig,
nicht durchzubrennen«.

Ihr war eine Angst vor Sinnlichkeit eigen, die ihr nahe Freunde entfremdete, wie Bloch und den Dichter Karl Wolfskehl, ihre
späte Liebe. Ihre Angst, diese »gnostische Abscheu vor Allzu-
körperlichem und Unsauberem«, wurde ihr durchaus bewusst,

auch als Wissen um die Macht des Körperlichen. Doch blieb dies für sie eher Theorie, Gegenpol ihres geistigen Lebens.

Mit Bloch hat sie, während ihr Mann im Ersten Weltkrieg kämpfte, die Nächte durchdiskutiert. Beide hatten sich in Georg Simmels philosophischem Kolloquium kennengelernt und waren seit 1909 durch Freundschaft verbunden. Blochs ungestüme Leidenschaft – er bestand hartnäckig auf einem Besuchsrecht; wenn er für den nächsten Tag abgewiesen wurde, erschien er am übernächsten – scheiterte an ihren strengen Moralbegriffen. Die Eifersucht seiner Frau, die die Nächte ihrer jungen Ehe bis in den frühen Morgen allein verbringen musste, weil Margarete und Ernst ihre Gespräche über den »Geist der Utopie« nicht beenden wollten, war letztlich unbegründet. Für Menschen, die von Eifersucht gequält werden, hatte Margarete Susman Verständnis, so wie sie immer Partei für die Schwächeren ergriffen hat.

Nur einmal hat sie sich selbst in dieser schwächeren Position befunden, was eine schwere Kränkung für sie bedeutete. Ihr Mann, Eduard von Bendemann, wandte sich in einer Zeit, als die Familie unter den wirtschaftlichen Beschränkungen durch die Inflation leiden musste, einer anderen Frau zu. Diese Frau, die sich als »Pazifistin« bezeichnete, hatte es nach den Worten Margarete Susmans verstanden, ein Vermögen zu bewahren und Eduard von Bendemann mit Reisen und einem freieren Leben zu locken.

Das Wort, das zur Trennung der Eheleute führt, beschreibt Margarete in ihren Erinnerungen als ein schwarzes Tuch, das sich in diesem Augenblick für sie auf die Welt herabsenkte. Ein schwarzes Tuch, das ihren Lebenswillen in den Jahren danach immer wieder schwer belastete und das nie mehr ganz wich. Eine eigene Mitschuld war ihr lange nicht bewusst; die wird erst deutlich durch die Schilderung ihres Sohnes, der darauf hinweist, dass Margarete Susman wohl immer Probleme hatte, ihre Rolle als Schriftstellerin und Philosophin mit der einer Ehefrau und Mutter in Einklang zu bringen.

Ihre Hochzeitsreise 1906 führte sie nach Florenz – aber durch den Besuch Heinrich Simons, mit dem sie gemeinsam die Schriften des inzwischen verstorbenen Erwin Kirchers herausgeben wollte, wurde das eher ein Arbeitsaufenthalt. Und obwohl alle Welt diese Ehe für harmonisch hielt, zeugen die Briefe zwischen den Eheleuten doch eher von Freundschaft als von Liebe. Der Sohn Erwin ist jedenfalls überzeugt, dass es für seinen Vater nicht leicht war, seine Frau mit der Welt und vor allem der Arbeit zu teilen, die immer an erster Stelle stand. Auch der eigene Sohn, dessen frühreife Fragen, wie die Erinnerungen beweisen, sie immer wieder begeisterten und zum Nachdenken anregten, hat eine gewisse Scheu vor ihr empfunden, vor der immer dunkel gekleideten Frau, die bei der Arbeit nie gestört werden durfte.

Ihre frühen Gedichte, die zu Beginn des 20. Jahrhunderts in den Gedichtbänden »Mein Land« und »Neue Gedichte« erschienen, entströmten überwiegend einem spontanen, märchenhaft-expressiven Lebensgefühl. Erst die Begegnung mit dem George-Kreis in München zeigte Margarete Susman, dass Gedichte nicht nur spontan fließen, sondern zugleich streng gearbeitet sein sollten. Auch ihm, Stefan George, war Margarete Susman aufgefallen, wie überall, wo sie auftauchte: eine schöne, kluge, wenn auch sehr ernste Frau, nach Bloch das vielleicht bedeutendste Gesicht, das er je erblickte, eine »Deborah«, wie Georg Simmel nach dem ersten Eindruck gesagt haben soll.

Zu Stefan George und seinem elitär-exaltierten Zirkel behielt sie ein gespaltenes Verhältnis. Sie hatte durchaus Bewunderung für George selbst, der ihr sogar »schlicht« vorkam, wenn sie mit ihm allein war, aber in seinem Jüngerkreis erkannte sie einen Zug »vom Bösen oder Kalten«.

Gedichte hat Margarete Susman zeit ihres Lebens zwar geschrieben, auch noch bis 1922 veröffentlicht – »Die Lieder von Tod und Erlösung«, inspiriert durch die Liebe zu Bloch, die sie inzwischen, zumindest im Geistigen, zulassen konnte –, aber dann doch zugunsten anderer Arbeit zurückgestellt. Erst 1954 erschien wieder eine neue Sammlung: »Aus sich wandelnder Zeit«.

Was war es, das Margarete Susman dazu brachte, vor allem journalistisch und essayistisch zu arbeiten und auf Vortragsreisen zu gehen? Sicherlich ihre Begegnungen mit den Sozialphilosophen, die sie aus ihrer melancholischen Jugendverträumtheit rissen und mit der Realität konfrontierten. Die Ernüchterung durch den Krieg und den wirtschaftlichen Zusammenbruch gehörte ebenso dazu. Tief erschütterte sie der gewaltsame Tod ihres Freundes Gustav Landauer und das Ende der von ihr verehrten Rosa Luxemburg. »Inflation« – Auflösung und Zerfall aller bestehenden Werte – wurde für Margarete Susman Inbegriff des Schreckens. Das beschränkte Leben bedrückte und überforderte sie mit Hausarbeit, der Zerfall der Ehe führte zu einem Zusammenbruch, gleichzeitig drohte das Gespenst des Nationalsozialismus. In dieser Zeit setzte sie ihre geistige Kraft vor allem als Rezensentin von Büchern und Autorin von Zeitschriftenaufsätzen zu aktuellen Geistesströmungen ein, z. B. für die Romantheorie von Georg Lukács. Sie beschäftigte sich mit Dostojewski, Goethe, Freud und Gandhi und pflegte tiefe Freundschaften mit Martin Buber, Franz Rosenzweig und Leo Baeck, wie ihre Korrespondenz bezeugt.

Margarete Susman schrieb viel über andere Menschen, über Schriftsteller, Philosophen, die großen Gestalten der Weltgeschichte und Religion. Sie versuchte, sich intensiv einzufühlen in das Wesen des anderen und war fast nie mit sich selbst zufrieden, wie ihr Sohn Erwin von Bendemann erzählt. Immer wieder arbeitete sie in neuen Ansätzen alles um, was sie bisher geschrieben hatte. Es ging ihr darum, das Zentrum der dargestellten Person zu erfassen, die geistige Notwendigkeit, nach der sich Werk und Handeln vollzog. Sie näherte sich den Menschen nie von außen, sondern von innen. So wie sie selbst nach den Worten ihres Lehrers und Freundes Georg Simmel ein »Zentrum ohne Peripherie« war, dessen Existenz nur auf das Wesentliche abzielte.

Die Begegnung, der geistige Austausch, das intime, persönliche Gespräch war ihre Domäne. Hier konnte sie ihre Hilfsbereitschaft entfalten, ihre »mächtige Anziehungskraft auf alle vom Schicksal Geschlagenen«, die bei ihr Trost suchten. Persönlich beeindruckte sie nach dem Urteil vieler Zeitgenossen offensichtlich mehr als durch ihr eigenes künstlerisches Werk, das ihr zwar frühe Anerkennung brachte, aber aus heutiger Sicht doch gelegentlich konventionell wirkt.

Margarete Susman litt moralisch sehr unter dem Scheitern ihrer Ehe 1928. Im Jahr 1933 ging sie allein ins Exil nach Zürich, dorthin, wo sie schon ihre Jungmädchenzeit verbracht hatte. Der Bruch in ihrem Leben, das für sie bestimmende Trauma, liegt daher nicht so sehr im Erleben des Exils, sondern schon vorher in Kindheitserfahrungen des Ausgeschlossenseins und besonders im Zerbrechen ihrer Ehe.

Vor ihrem Entschluss, nach Zürich überzusiedeln, lagen Jahre des Umherziehens in Deutschland, wo sie bei Freunden oder bei ihrer Schwester wohnte, schon gequält von Krankheiten, die sie ihr langes Leben begleiten sollten. Sie selbst beschreibt ihren Weggang von Deutschland als »Emigration in die Heimat«.

Kurz vor dem Krieg hoffte sie noch, ihre Schwester und die Freundin Gertrud Kantorowicz zu sich nach Zürich holen zu können, aber die Flucht aus dem Deutschen Reich scheiterte, die Gruppe wurde an der Grenze festgenommen. Margaretes Schwester nahm sich das Leben, Gertrud starb später im KZ Theresienstadt. All das führte Margarete Susman nicht zuletzt die eigene Bedrohung vor Augen, der sie nur durch glückliche Umstände entgangen war.

Margarete Susman, zum Zeitpunkt der Emigration schon Anfang 60, nutzte die ihr verbleibenden 33 Jahre in der Schweiz, um ihr Werk weiterzuführen und zu vertiefen.

Was ihr Auskommen in der Schweiz betraf, so stand sie, aufgewachsen in der Verpflichtung auf rein geistige Werte, dem Thema »Geld« – trotz ihrer kaufmännischen Vorfahren – zeit ihres Lebens distanziert und letzten Endes unbeholfen gegenüber. Ihr Freund, der protestantische Theologe Walter Nigg schrieb über sie: »Der Gedanke, man könne Geistiges zu materiellen Zwecken verwenden, blieb ihr zeitlebens fremd.« Solange sie nicht allzu sehr rechnen musste, spielte Geld überhaupt keine Rolle und wurde bedenkenlos an andere, noch Bedürftigere weitergegeben. Erst in den Jahren der Inflation erfuhr sie zum ersten Mal, was es heißt, unter der ständigen Bedrohung zu leben, dass Geld seinen Wert verliert und es die Lebensbedingungen bestimmt. Das beschreibt sie eindrucksvoll in ihrem Erinnerungsbuch »Ich habe viele Leben gelebt«, welches sie in den letzten Jahren ihres Lebens im Auftrage des Leo Baeck Instituts diktierte, da sie fast blind war. Zunächst einmal konnte sie 1933 noch einiges Geld in die Schweiz transferieren, ihr Sohn spricht von einem kleinen Vermögen von einigen tausend Mark, die ihr als Finanzierung der nächsten Jahre dienten. Dennoch waren die Jahre in der Schweiz für Margarete Susman von ständiger Angst, Sorge und Knappheit geprägt, denn das gesparte Geld reichte nicht lange.

Zwar lebte sie in einer billigen kleinen Dachwohnung, aber sie hatte kaum Geld für das tägliche Leben, schon gar nicht für notwendige medizinische Behandlungen und Krankenhausaufenthalte. Hier sprang ein privater Freundeskreis immer wieder helfend ein. Vor allem war das die Jüdische Gemeinde in Zürich und der Kreis um den protestantischen Pfarrer Leonhard Ragaz. Freunde verschafften ihr Vortragsmöglichkeiten oder Aufträge bei Zeitschriften. 1935 publizierte sie das erste Mal in der Schweizer Zeitschrift »Neue Wege«, die Monatsschrift der religiös-sozialen Bewegung um Ragaz, die für die nächsten Jahre neben der in Zürich erscheinenden sozialistischen Wochenzeitschrift »Der Aufbau« ihr Hauptpublikationsorgan wurde.

Nicht alle Aufträge wurden allerdings bezahlt, Walter Nigg schreibt in seinem einfühlsamen Lebensabriss über diese schwierige Zeit im Leben Margarete Susmans:

»Wie viele Artikel hat sie geschrieben, die man dringend von ihr wünschte, ohne dass man daran dachte, sich dafür erkenntlich zu zeigen! Dabei musste die in bitterer Not lebende Emigrantin doch auch das tägliche Brot auf dem Tisch haben. Es hat ihr zeitweise im buchstäblichen Sinne gefehlt, weil die Schweiz ihr wohl die Niederlassung gewährte, ihr aber jede Arbeitsbewilligung verweigerte – ein unbegreifliches, beschämendes Verhalten. Kein Wunder, dass sich bei ihr Hungerödeme einstellten. Ihre Bereitschaft wurde sogar von ihrem Verleger, der ihr statt einer Abrechnung eine Torte schickte, als auch von der religiös-sozialen Bewegung missbraucht, die immer um Vorträge baten und nachher achselzuckend zu ihr sagten: ›Wir können leider kein Honorar bezahlen‹.« So schwebte die ganzen Jahre eine ständige Angst über Margarete Susman, wegen Mittellosigkeit ausgewiesen zu werden. Um dem zu entgehen, gab sie als Einkommensquelle ein Vermögen an, das sie nicht hatte, für das sie dann aber Steuern zahlen musste. Erst nach dem Krieg besserte sich ihre finanzielle Situation, als sie eine Rente erhielt, die sie als mittlere »Beamte« einstufte, zusätzlich zu einem späteren »Ehrensold«, den Präsident Theodor Heuss damals in den fünfziger Jahren auf DM 200,– festgelegt hatte.

Es wird im Zusammenhang mit ihr auch immer von einem »Publikationsverbot« gesprochen. Tatsächlich veröffentlichte sie seit Beginn des Krieges weniger, teilweise auch unter dem Pseudonym Otto Reiner. Dieses »Publikationsverbot« bezog sich aber nicht direkt auf sie, sondern auf die allen Emigranten in der Schweiz verbotene politische Betätigung.

Am direktesten eingegriffen in das Leben und Denken anderer Menschen hat Margarete Susman durch ihre Korrespondenz, die sie genauso ernst nahm wie die Arbeit an Büchern oder Aufsätzen. Außer dass sie sich mit anderen Schriftstellern wie Karl Wolfskehl oder Paul Celan über das Schreiben und deren Werk austauschte, ist es vor allem wohl ihr menschliches Engagement, die die Briefe auszeichnen. Über ihre Korrespondenz schreibt Erwin von Bendemann, dass darin mehr »von zentralen menschlichen Belangen und nur selten von Alltäglichem die Rede« ist. So stehen die Briefe, jedenfalls was ihre Ideenwelt angeht, neben ihren großen Essays, und ihr Einfluss auf die sie empfangenden Zeitgenossen müsste gesondert untersucht werden. Aber auch praktisch hat Margarete Susman das Leben anderer Menschen entscheidend beeinflusst, z. B. indem sie den mit ihr befreundeten Pfarrer Bachmann bat, falsche Taufscheine auszustellen und so einer Reihe von holländischen Juden das Leben zu retten und die drohende Ausweisung abzuwenden.

Ein wichtiges Thema, das sie zeitlebens beschäftigte, war ihr Judentum. Wie Erwin von Bendemann, der von ihr selbst im christlichen Glauben erzogene Sohn, schreibt, war ihr das Judentum vor allem eine Bürde, eine »Last«, der sie sich aber nicht entziehen wollte.

Diese Zugehörigkeit zu zwei Seiten, die intensive Beschäftigung sowohl mit dem Judentum als auch mit dem Christentum, ihr Anliegen der Versöhnung beider, das sie gleich nach dem Zweiten Weltkrieg – für viele Juden zu früh – in ihrem »Buch Hiob« formuliert hat, erschwerte ohne Zweifel eine Rezeption ihrer Werke. Noch vor ihrem Tod hat sie lange überlegt, auf welchem Züricher Friedhof sie begraben werden wollte. Bendemann schreibt, dass der Gedanke an den Jüdischen Friedhof etwas Beklemmendes für sie hatte, wie die Rückkehr in ein Ghetto, dem sie im Leben längst entronnen war. Bei aller Religiosität, die den innersten Kern ihres Wesens bildete, war ihr jede gebundene Frömmigkeit zuwider. Stets hat sie die Befolgung orthodoxer Riten verweigert, und wie Bendemann meint, nur deshalb gezögert, über ihre letzte Ruhestätte eine Entscheidung zu fällen, weil sie das Missfallen der konservativen Züricher Juden befürchtete. Die Entscheidung überließ sie dann ihrem Sohn, der die Beisetzung in dem sicheren Gefühl, ihrem letzten Wunsch gemäß zu handeln, auf dem interkonfessionellen Friedhof am Zürichberg anordnete. Aber angesichts der »unerwarteten bitteren Empörung der jüdischen Gemeinde« änderte er den Bestattungsort im letzten Augenblick. Auf ihren Wunsch fand eine Einäscherung statt, und jüdische und christliche Freunde würdigten sie gemeinsam und verwirklichten so am Grabe ihren Traum vom Weg zu einer Verständigung, die sie immer wieder in ihren Schriften gefordert hatte.

Margarete Susman war trotz allem ein stilles und hohes Alter vergönnt. 1959 verlieh ihr die Freie Universität Berlin die Ehrendoktorwürde der Philosophie. Nur eine fortschreitende Erblindung erschwerte ihr die Arbeit, zuletzt an den eigenen Memoiren. Was bleibt, ist ihr streng kritischer Geist, der nicht müde wurde, die Freiheit der menschlichen Entscheidung zu betonen, und zugleich hinter den gegensätzlichen Mächten der Welt eine einigende Hand zu erkennen. Diese Haltung wird sich wohl nach wie vor jeder modischen Parteinahme und Vereinnahmung widersetzen.

Gretchen Wohlwill

GRETCHEN WOHLWILL
(1878 – 1962)

Sie war eine der Künstlerinnen, die, nachdem sie Deutschland
unter schwierigen Umständen verlassen mussten, wiederka-
men. Eine der wenigen Remigrantinnen nach dem Zweiten
Weltkrieg. Die meisten, die wie Gretchen Wohlwill 1933 aus
dem Staatsdienst entlassen wurden und emigrierten, weil sie
politisch verdächtig oder jüdischer Abstammung waren, haben nach dem Zweiten Weltkrieg nie wieder einen Fuß auf
deutschen Boden gesetzt. Ein Beispiel dafür ist der Lebensweg von Senta Meyer-Gerstein. Gretchen Wohlwill aber war
eine Hamburgerin, die auch während ihrer Emigrationszeit in
Portugal der Stadt und den zurückgebliebenen Freunden verbunden blieb. Sie fühlte sich nirgendwo anders heimisch als
in ihrer Geburtsstadt. Dennoch entschloss sie sich erst nach
zwei Besuchen in Hamburg 1950 und 1951 zur Rückkehr, denn
inzwischen hatte sie sich auch in Portugal eingelebt und durch
Ausstellungen und Preise einen Namen gemacht. Aber so wie
die Entscheidung für die Auswanderung, die »in letzter Minute«
im März 1940 fiel, war es für sie richtig, 1953 zurückzukommen, um an ihre Erfolge als Malerin in der Zeit vor Nationalsozialismus und Krieg anzuschließen. Heute ist ihr Andenken
in Hamburg bewahrt und besonders von Maike Bruhns kunst-
geschichtlich aufgearbeitet.

In ihren »Lebenserinnerungen einer Hamburger Malerin«,
die 1984, 31 Jahre nachdem sie geschrieben worden waren, er-

schienen, schließt Gretchen Wohlwill an die Zeit in Portugal an. Sie begann zu schreiben, als sie kurz nach der Rückkehr 1953, inzwischen 75 Jahre alt, mit einer Fußverletzung im Krankenhaus lag. Die »schwerste Zeit ihres Lebens« liegt hinter ihr, gequält von Heimweh und dem Schmerz um den Verlust ihrer Schwester Sophie, die sich gegen das Auswandern entschied und deshalb im Konzentrationslager Theresienstadt ums Leben kam. Gretchen Wohlwill erlebte die Krisenzeit in einem Alter, in dem sich andere langsam zur Ruhe setzen. Sehr viel ist in ihren Erinnerungen von Verwandten und Freunden die Rede, weniger von ihr selbst. Wie in einem Bilderbogen führt sie den Lesern alle vor, die einen Einfluss auf ihr Leben hatten. Die Zeit in Portugal ist geprägt von Hilfsangeboten neuer Freunde, die ihr Verdienstmöglichkeiten verschaffen oder Bilder kaufen. Gretchen Wohlwill will malen, wie zuvor in Hamburg, muss aber unterrichten, um überhaupt etwas zu verdienen. Sie gibt Privatunterricht in reichen Familien, die ihre Kinder Deutsch lernen lassen, und gelegentlich kann sie auch Zeichnen unterrichten, so wie früher, als sie Kunstlehrerin an der Emilie-Wüstenfeld-Schule in Hamburg war. Vielen Freunden und Schülern zeichnet sie mit liebevollen Worten ein Porträt in ihren Erinnerungen. Auch den Portugiesen, denen sie begegnete, wie ihrer Wirtin Dona G.: »Dona G. hat meinen Wein ausgetrunken, mein Parfüm verbraucht, meine Strümpfe getragen und doch waren wir gute Freunde.« Emigranten gegenüber war sie manchmal misstrauisch. Ihr jüngerer Bruder Fritz, Mediziner, der schon vor ihr nach Portugal ausgewandert war, vertrat die Auffassung, dass Emigranten als Schicksalsgenossen zusammenhalten müssen. Gretchen aber sucht das Neue, mag nicht über Verlorenes lamentieren und interessiert sich kaum oder gar nicht für den jüdischen Glauben. »Ich konnte, nur weil Hitler es wollte, mich nicht zum

Judentum bekennen.« Diese Haltung entfremdet sie von ihrem Bruder und vor allem von dessen Frau Eva. Die bejubelt, was Gretchen tief schmerzt: die Bombardierung Hamburgs 1943.

Für Künstler war Portugal schon deshalb nicht der richtige Ort, weil es, wie Gretchen schreibt, nur eine dünne Schicht wohlhabender und gebildeter Familien gab, die überhaupt an Ausstellungen oder Büchern interessiert waren. Sie spricht von 500 Personen, die dort das Kulturleben trugen.

Nach der langen Zeit der Nichtbeachtung in Deutschland erlebt Gretchen Wohlwill hier jedoch wieder ein öffentliches Interesse: »Während der Wochen, wo meine Bilder hingen ... fühlte ich mich jedesmal über mich hinausgehoben, lernte neue Menschen kennen und glaubte selbst – so komisch das auch klingt – an meine Bedeutung. Nach Schluss einer solchen Ausstellung fiel ich dann regelmäßig in meine mir zukommende Bedeutungslosigkeit zurück.« Eine typisch weibliche Haltung der Bescheidenheit, aber auch eine, die das künstlerische Überleben sicherte. Als Malerin in Hamburg lernte sie Schritt für Schritt dazu, setzte sich kritischer Beurteilung aus und hielt ihr stand, und sie war eine Frau, auf deren Urteil andere Künstler Wert legten. Sie strebte nach einer realistischen Einschätzung der eigenen Bedeutung, die ihr half, allzu große Abstürze zu vermeiden, wenn die gewünschte Wirkung in der Öffentlichkeit ausblieb. Sie ist fähig, Kritik zu ertragen, schreibt über einen Freund, Erich Hartmann: »Sein unbestechliches, oft nicht gerade schmeichelhaftes Urteil über meine Arbeiten hat mir oft sehr genützt.«

Und über die Begegnung mit dem Malerkollegen Hermann Bruck, mit dem sie um 1910 in Blankenese am Strandweg im gleichen Haus wohnte, schreibt sie: »Von seiner etwas ironischen Art, meine Arbeiten zu beurteilen, habe ich viel gelernt.«

Mit dieser nüchternen Einstellung schafft sie es später, auch die Verluste ihrer wichtigsten Werke durch den Zweiten Weltkrieg zu ertragen.

Früh lernte sie, dass neue Freunde gewonnen werden können, dass man andere aber auch schnell verliert. Mit Hermann Bruck ist sie sogar kurzzeitig verlobt, aber da die wirtschaftliche Basis fehlt, gibt der Vater seine Zustimmung zur Heirat nicht. Gretchen bleibt allein, doch fühlt sie sich oft in Freundschaft zu Jüngeren hingezogen. 1912 lernt sie den 12 Jahre jüngeren Ernst Waiblinger kennen, Philosoph, Dichter, Forscher und wohl ihre große Liebe. Wenn er sie in Blankenese besuchte, trat er mit seinen langen Beinen »nie anders als durch das Fenster ein«. Zwei Jahre sind sie zusammen, dann kommt der Erste Weltkrieg. Bevor das Regiment Waiblingers ausrückt, haben sie noch fünf Tage, die sie »voll ausgekostet« haben. Waiblinger wird schon früh vermisst, sie erfährt nichts mehr von ihm.

Gretchen Wohlwill stammte aus einer wohlhabenden, liberalen jüdischen Familie, der Hamburg viel verdankt. Ihr Großvater Immanuel Wohlwill war noch gläubiger Jude und ein Philosoph, der Gesangbuchverse dichtete, aber bereits starb, als ihr Vater Emil elf Jahre alt war. Dieser entwickelt sich zu einem »Freisinnigen«, er bekämpfte erfolgreich ein Gesetz, nach dem nur derjenige Hamburger Bürger werden konnte, der einer anerkannten Religionsgemeinschaft angehörte. Seinen Kindern ließ er stolz »konfessionslos« in den Geburtsschein schreiben. Emil Wohlwill war Chemiker und Direktor der »Norddeutschen Affinerie«. Ein Besuch in seinem »Laboratorium« war für seine Kinder ein Abenteuer. Gretchen schildert es anschaulich in ihren Erinnerungen.

Sie besucht zunächst die Privatschule von Robert Meisner zusammen mit den Kindern aus Kleinbürgerkreisen und dem

Arbeitermilieu, denn als Liberaler lehnt ihr Vater die »Standesschulen« ab. 1894 darf sie sich an der privaten Kunstschule von Valesca Röver einschreiben, wo Ernst Eitner und Arthur Illies zu ihren Lehrern gehören. 1904/5 und zum zweiten Mal 1909/10 geht sie nach Paris, wo sie in der Matisse-Schule arbeitet. Dessen Korrekturen bezeichnet sie als »akademisch«, da er keine Kopisten seiner selbst heranziehen wollte. Nicht dem akademischen, wohl aber dem realistischen Malen bleibt sie ein Leben lang treu. Zunächst unterrichtet sie privat, unter anderem an Lida Gustava Heymanns »Reformschule des Vereins Frauenwohl«. Ihrer Tante Anna Wohlwill, der ersten Direktorin an der Charlotte-Paulsen-Schule, verdankt Gretchen es, dass sie relativ leicht Zugang zur später staatlichen Lehrerinnentätigkeit bekommt. Sie macht in kurzer Zeit die erforderlichen Prüfungen, um Zeichenlehrerin an der Emilie-Wüstenfeld-Schule zu werden, wo sie von 1910 bis 1933 unterrichtet. Zum Glück für sie nur an drei Wochentagen, insgesamt 14 Stunden. Einmal bekommt sie sogar für drei Monate Sonderurlaub und einen Zuschuss von 400 Mark zu ihrem Gehalt, um sich auf Reisen weiterzubilden. Das Unterrichten, das sie zeit ihres Berufslebens begleitete, war für sie dann eine Freude, wenn es sich auf die Unterweisung von Begabten beschränkte. »Bertha Itzkos, meiner ersten Schulvorsteherin, Ansicht, es sei Aufgabe der Lehrerin, die Unbegabten zu fördern, habe ich nicht geteilt.« Ebenso wie ihre musikbegabte Schwester Sophie, die auch durch Unterrichten ihr Geld verdiente, war sie keine begeisterte Lehrerin. Ihre eigene Kunst und die Begegnung mit anderen Künstlern waren ihr Lebensinhalt, nicht Schülerinnen, die sich vor allen Anstrengungen drücken wollten und kein Interesse zeigten.

Liebevolle Worte findet sie nicht nur für die geliebte Schwester Sophie, mit der sie seit dem Tod der Mutter zusammenlebt, sondern auch für ihre Eltern. Die Mutter widmete sich überwiegend der kranken Tochter Marie, nach ihrem Tod ist die Sorge für diese ältere Schwester für die anderen jedoch eine Belastung. Sie lehnen es ab, mit ihr den Haushalt zu teilen. Sie wird als krank bezeichnet, aber auch als egoistisch, nur auf ihre eigenen Vorteile bedacht. Indirekt macht Gretchen Wohlwill Marie sogar für den Tod der Mutter verantwortlich, da diese sogar ihre Lebensmittelrationen mit der kranken Tochter teilte. Nach dem Tod der Mutter bringen Gretchen und Sophie die Schwester in einem Heim unter, was diese, wie Gretchen schreibt, ihnen »nie verziehen hat«. Sie stirbt 1928. Nun wird das Leben etwas leichter für die beiden künstlerisch arbeitenden Schwestern, die ihren Lebensunterhalt als Lehrerinnen verdienen. Zunächst wohnten sie am Mittelweg, dann in der Flemingstraße 3. 1933 wird Gretchen vor den Sommerferien vom Unterricht suspendiert. Ihre jüdische Herkunft hätte als Grund für eine Freistellung genügt, doch es kam noch ihr Engagement für die moderne, nach Ansicht der Nationalsozialisten »entartete« Malerei hinzu. Dabei ist Gretchen Wohlwill nie Vertreterin einer abstrakten Malerei gewesen, sie verteidigt das Gegenständliche, malt Landschaften und Menschen kraftvoll-expressiv. Die Entlassung trifft sie nicht unerwartet. Sie ist froh, mehr Zeit fürs Malen zu haben und sich in Finkenwerder, neben dem Haus ihres jüngeren Malerfreundes Eduard Bargheer, eine Bleibe zu schaffen. Die zwei Jahre, die sie dort ihr Atelier hat, sind, wie Bargheer meint, die glücklichsten ihres Lebens. Bis die Pacht gekündigt wird. Obwohl auch der Zusammenschluss der Maler zur Hamburgischen Sezession, der sie angehört, sich unter dem Druck der gesellschaftlichen Veränderungen auflöst, scheint es, als sei sowohl ihr als auch ihrer Schwester Sophie der Ernst der Lage nicht bewusst. Beide tun sich, im Gegensatz zu ihren

Brüdern, schwer mit der Emigration. Sophie will nicht weg aus Hamburg, sie will die ihr verbundenen Freunde nicht im Stich lassen. Das kostet sie später das Leben, denn sie wird ebenso wie ihr Bruder Heinrich nach Theresienstadt abtransportiert, wo sie stirbt. Gretchen entschließt sich, im März 1940 zu ihrem Bruder nach Lissabon auszuwandern. Sie besucht auf einem Umweg Eduard Bargheer in Ischia, wo dieser sich inzwischen, abgestoßen vom Treiben der Nazis und fasziniert von der leichteren Lebensart des Südens, niedergelassen hat. Anschließend fährt sie mit dem Schiff von Neapel nach Lissabon. Eine Passage von dort weiter nach Amerika hat sie, im Gegensatz zu den meisten Emigranten, nicht im Sinn gehabt. Erstaunlich, dass sie damals von den Amerika-Träumen nicht angesteckt wurde. Tausende warteten in Lissabon in billigen Pensionen und in den Konsulaten auf ein Schiffsticket. Selbst wenn sie ein Affidavit, die Genehmigung, in die USA auszuwandern, besaßen, war es nicht leicht, einen Platz auf einem der wenigen Schiffe zu bekommen. Lissabon war in diesen Jahren ähnlich wie Marseille eher als Drehscheibe in die neue Welt bekannt denn als Ziel der Emigration. Über den Hafen gelangten viele der berühmtesten Schriftsteller nach Amerika, so Heinrich Mann mit seinem Neffen Golo und Hannah Arendt mit ihrem Mann Heinrich Blücher. Doch viele blieben »in Lissabon gestrandet«, wie Erika Mann in einer Reportage beschreibt. Nicht so Gretchen Wohlwill, die sich dort bewusst eine neue Existenz aufbaut.

Sie arbeitete als Privatlehrerin für Sprachen, manchmal Erzieherin, ausnahmsweise Zeichenlehrerin. Sie bleibt, obwohl ihr Land, Klima und die Stadt Lissabon nie vertraut werden, sie hält sich an gute persönliche Kontakte. Mit ihren Freunden, dem Ehepaar Kahn, feiert sie »Altonaer Besuche«, die von der Teezeit bis in den späten Abend dauern. Nach den ersten schweren Jahren kann sie einige schöne Erfolge als Malerin feiern und erhält sogar Preise: den Prémio »Francisco da Holanda«, 1948 und 1952, mit jeweils 3000 Escudos als Preisgeld. Die Erinnerungen von Gretchen Wohlwill sind vor allem Erinnerungen an ihre Freunde, bestimmt von ihrem Bedürfnis nach Mitteilung und Anteilnahme. Sie zeigt sogar Verständnis für die Mitläufer der Nationalsozialisten und bedauert ihre Freundin Ilse Schilling, die ihr »unendlich tapfer ... nach dem Furchtbarsten, was eine Frau erleben kann,« scheint. »Ihr Mann, der edle, gütige Claus Schilling, hingerichtet durch die Amerikaner seiner Malaria-Versuche an den Häftlingen von Dachau wegen.« Auch wenn kein Todesfall im Zusammenhang mit diesen Versuchen bekannt ist, erstaunt diese aufs Persönliche reduzierte Ansicht. Ihr zweites großes Anliegen ist die Malerei, ihre Bilder, von denen zu ihrem Kummer nach dem Krieg nicht viele erhalten geblieben sind. Aber alles, was sich in öffentlichen Sammlungen befindet, wird in den Erinnerungen erwähnt.

Der Mythos vom einsamen Künstler war für Gretchen Wohlwill abschreckend, sie suchte die Gemeinschaft, eine Seelenverwandtschaft. Eduard Bargheer, der jüngere homosexuelle Freund, mit dem sie malte, Museen besuchte, kochte und auf der Elbe segelte, war ihr Vertrauter, beeinflusste die Ältere in ihrer Malerei und wurde nach ihrem Tod einer ihrer größten Lobredner: »Kaum je in meinem Leben sah ich eine solche Vitalität ... Sie ... hatte einen unbändigen Lebenshunger, der sogar mit dem Alter eher zu- als abnahm. Apropos Alter: sie wollte nichts davon wissen und hatte ein Recht dazu, denn im Grunde hat es das nie für sie gegeben. Wie viele müde, so genannte ›Junge Leute‹ könnten sich beglückwünschen, wenn sie nur ein Fünkchen hätten von Gretchens Lebendigkeit, Schärfe und Urteilskraft, welche sie sich bis zuletzt bewahrt hat.« Ganz ungetrübt blieb die Freundschaft nicht, in den Erinnerungen klingt an, dass die Eigenheit, vieles nicht auszusprechen, sowie das ungezügelte Temperament Bargheers sie oft belastet und erschreckt haben.

Nach ihrer Rückkehr nach Hamburg verlebte Gretchen Wohlwill noch neun Jahre beliebt und geehrt, ehe sie am 17. Mai 1962 starb. Sie tat in dieser Zeit alles, um den Kontakt zur nachfolgenden Künstlergeneration zu halten. »Das einzige, was ich befürchte, ist, dass mich die Jugend nicht mehr kennt«, sagt sie zu ihrer Freundin Ilse Losa aus Portugal, die sie 1957 besucht.

Zusammen mit Alma del Banco und Anita Rée gehörte Gretchen Wohlwill zu den bekannteren Frauen der Hamburgischen Sezession, der bedeutenden Künstlervereinigung, deren Gründungsmitglieder sie alle drei im Jahre 1919 waren. Anita Rée, die als Künstlerin vielleicht höher eingeschätzt wird, nahm sich 1933 das Leben. Auch Alma del Banco wählte vor der drohenden Deportation 1943 den Freitod. Gretchen Wohlwill besaß eine unermüdliche Lebenskraft und sie hatte den unbedingten Willen zur Rückkehr, der von einem Gefühl der Verbundenheit mit Hamburg angetrieben wurde. Heute findet ihre Kunst hier neue Beachtung, wie zuletzt in der Ausstellung der Hamburger Kunsthalle im Jahre 2006. Einen sensiblen Befürworter ihrer Kunst hat sie in Volker Detlef Heydorn gefunden, einen der jüngeren Maler, die ihr in den letzten Lebensjahren nahe standen: »Ihr Leben war aber zugleich auch ein Versuch, dieses überwältigende, dieses vorwiegend als glücklich empfundene Leben künstlerisch zu realisieren.«

Ein glücklich empfundenes Leben, in dessen Mittelpunkt das Malen und tiefe Freundschaften standen – ein Lebensglück, das noch alle Liebesenttäuschungen, Vertreibung und persönliche Verluste aufwog.

Senta Meyer-Gerstein

SENTA MEYER-GERSTEIN
(1905–1991)

Hamburger Jüdinnen und ihr Schicksal im zwanzigsten Jahrhundert: Ida Dehmel nahm sich das Leben, bevor sie in ein Konzentrationslager deportiert werden konnte. Ida Ehre, die Schauspielerin, die nach dem Zweiten Weltkrieg mit den Kammerspielen das Theaterleben der Stadt prägte, überlebte als Jüdin in Hamburg, geschützt durch die Ehe mit einem »Arier«. Gretchen Wohlwill emigrierte nach Portugal, kam aber nach dem Krieg zurück nach Hamburg. Senta Meyer-Gerstein, ebenso Hamburgerin und Jüdin, sollte und wollte nach ihrer Emigration keinen Fuß mehr auf den Boden ihrer Heimatstadt setzen.

Sie war 34 Jahre alt, als sie Hamburg 1939 – gerade noch rechtzeitig – verlassen konnte.

Im Alter kamen die Erinnerungen. Oft quälender als in der Zeit unmittelbar nach den Ereignissen. Das Schreiben von Erinnerungen kann schmerzliche Inhalte des Lebens zurückholen, sie aber auch bewusst und dadurch vielleicht der Aufarbeitung zugänglich machen. Die Lebensbeschreibung von Senta Meyer-Gerstein, die sie 1986 anlässlich der Ausstellung »Jüdisches Leben am Grindel« dem Museum für Hamburgische Geschichte schickte, berichtet zunächst nur von ihrem Leben im damaligen Hamburg, später aber gab sie bereitwillig über ihr Leben während und nach der Emigration Auskunft – alles fein säuberlich notiert, auf Deutsch, in leserlicher Handschrift, ange-

115

reichert mit Fotos und Zeitschriftenausschnitten. Selten tritt so klar hervor, wie stark das individuelle Schicksal mit historischen Ereignissen verwoben ist, wie in jenen Lebensläufen des frühen zwanzigsten Jahrhunderts. Die historischen Ereignisse bilden gerade in den Emigrantenbiographien mit ihren lebensgeschichtlichen Brüchen die vorherrschende Erzählstruktur. So schildert auch Senta Meyer-Gerstein ihre Erinnerungen in Anlehnung an weltgeschichtliche Ereignisse: den Ersten Weltkrieg, den sie als junges Mädchen erlebte, die Hitlerdiktatur in Hamburg, die Emigration in die USA. Das ändert sich erst im zweiten Teil, in dem sie über die Jahre in den USA berichtet, wo sie allmählich »amerikanisiert« wird.

»Ich komme aus einem gutbürgerlichen, jüdisch-religiösen Elternhaus in Hamburg ... Wir waren keine orthodoxen Juden, wir nannten uns konservativ«, erinnert sich die 1905 in Hamburg geborene Senta Meyer, später Meyer-Gerstein. Sie besuchte die Jüdische Mädchenschule von Dr. Jakob Loewenberg in der Johnsallee 33. Als Schülerin dieser Schule gehörte sie zu den Kindern, die vor Albert Ballins Haus in der Feldbrunnenstraße kurz vor Ausbruch des Ersten Weltkriegs für den Kaiser sangen: »Deutschland, Deutschland über alles«. Ballin, der einflussreiche Reeder, der das Auswanderungsgeschäft kontrollierte, wurde zu einem Vertrauten von Wilhelm II., der, obwohl Antisemit, häufig in der Villa des Juden Ballin zu Besuch war und im Hafen dessen Schiffe taufte. Und an den Geschäften der Reederei mitverdiente.

Viele Ausflüge führten Senta Meyer in die Umgebung Hamburgs. Die Liebe zur deutschen Heimat und zur deutschen Kultur ist ebenso Quelle ihres Selbstverständnisses wie das Judentum.

Aufgewachsen in dieser engen Verbindung von Nationalität und Religiosität, noch verstärkt durch die patriotischen Gefühle, die der Erste Weltkrieg auch bei den deutschen Juden hervorrief, wurde die spätere Vertreibung umso schmerzlicher empfunden. Senta arbeitet dann journalistisch für jüdische Zeitungen und schreibt in den dreißiger Jahren in einem Artikel »Bekenntnis«: »Die deutsche Sprache ist unsere Muttersprache, in der wir nicht nur miteinander reden, an der wir mitgeformt und mitgebildet haben, und ist Sprachgemeinschaft nicht Denkgemeinschaft?« Im verlorenen Ersten Weltkrieg und der Suche nach einem Sündenbock sieht sie den Grund für den sich verstärkenden Antisemitismus. Im Oberlyzeum am Klosterstern ist sie die einzige Jüdin in der Klasse. »Ich hatte mein Judentum zu verteidigen«, schreibt sie, aber nicht, wie sich der Antisemitismus genau offenbarte. Auf jeden Fall bewirkten diese Erfahrungen, dass sie sich ganz dem Studium und dem jüdischen Gemeindeleben widmete. Sie studierte Geschichte und Ethik des Judentums, außerdem an der 1919 neu gegründeten Universität Hamburg Geschichte, Philosophie, Literatur und Kunstgeschichte bei den Professoren Ernst Cassirer – damals erster und einziger jüdischer Rektor einer deutschen Universität – Walter Behrendsohn und Erwin Panofsky – alle ihrer jüdischen Herkunft wegen später Emigranten wie sie. In den Seminaren und in Aby Warburgs Kulturwissenschaftlicher Bibliothek eignete sich Senta die Grundlagen für ihre kulturgeschichtlichen Vorträge an, die sie in den zwanziger und dreißiger Jahren bei verschiedenen Institutionen, vor allem aber in der Jüdischen Gemeinde hielt. Einen Abschluss ihrer Studien erwähnt sie nicht.

Im Jahr 1926 besucht sie den jüdischen Philosophen Franz Rosenzweig in Frankfurt am Main, mit dem sie vorher bereits korrespondierte. Die Begegnung mit dem Übersetzer der Bibel ins moderne Deutsch war für sie von großer Bedeutung und

ein Ansporn mehr, dem Antisemitismus jüdisches Ethos ent-
gegenzusetzen. Auch die Kontakte mit Leo Baeck und Martin
Buber bestätigten sie in ihrer Arbeit für die Organisation der
»Deutsch-Jüdischen Jugend«. Senta Meyer-Gerstein leitete eine Arbeitsgemeinschaft über »Deutsch-Jüdische Grundfragen«.
Dort beriet sie Jugendliche über Fragen der Auswanderung.
Kaum ein anderes Thema wurde damals so heftig und kont-
rovers unter jüdischen Jugendlichen diskutiert. Zunächst war
der Auswanderungswunsch auf Jugendliche aus zionistischen
Kreisen beschränkt, die es als ihre Aufgabe ansahen, in Palästina Aufbauarbeit für einen jüdischen Staat zu leisten. Mit dem
wachsenden Antisemitismus Ende der zwanziger, Anfang der
dreißiger Jahre hatten diese Vorbereitungskurse immer mehr
Zulauf. Rund um Hamburg entstanden Ausbildungslager – so-
genannte Hachschara-Stätten des nordwestdeutschen Bezirkes
der deutschen Hechaluz-Organisation –, in die junge Menschen
aus ganz Deutschland geschickt wurden, um hier handwerkli-
che oder landwirtschaftliche Berufe zu erlernen, die ihnen in
Palästina den Lebensunterhalt sichern sollten. »Wann ist der
Zeitpunkt da, wo man nicht mehr in Deutschland bleiben kann,
wo man auswandern muss?«, fragten sich die Jugendlichen, wie
in den »Führerblättern des Schwarzen Fähnleins« dokumentiert,
einer Broschüre, die nach etwas anderem klingt als nach einem
Publikationsorgan jüdischer Jugendlicher.

Mit dieser Frage war auch Senta Meyer, seit 1931 verheiratet, beschäftigt: »Ich arbeite mit an der Organisation der
vielen Klassen und Kurse, die wir für Männer und Frauen als
notwendige Vorbereitung für Auswanderung einrichteten: den
Sprachunterricht, die Klassen für Kochen und Backen, Kurse
für Nähen und Zuschneiden, Smoking [Fälteln] von Kinderklei-
dern, Anfertigung von Hüten, Handschuhen, Lampenschirmen,

künstlichen Blumen und mehr ...« Senta widmet sich besonders der »Frauen-Auswanderung«, ein Artikel ist überschrieben mit »Lernen tut not«. Dort klagt sie, dass zwar Nähkurse für Kinder zustande kämen, aber nicht die regulären Ausbildungskurse im Schneiderhandwerk. Frauen sollten nicht nur einen Nebenverdienst im Auge haben, nicht nur an das Nähen für die eigene Familie denken, sondern genauso an ihre berufliche Qualifikation. Um das Thema Auswanderung ging es auch bei ihren Vortragsreisen in die Kleingemeinden Schleswig-Holsteins und Ostfrieslands. Diese Reisen waren nur mit Genehmigung der Gestapo möglich, und während sie über die Vorbereitungen zur Auswanderung sprach, über berufliche Neuausrichtung und Sprachkurse, war immer ein Gestapo-Beamter anwesend, wie sie schilderte.

Ihre erste bezahlte Arbeit bestand in der Berichterstattung für jüdische Zeitschriften. Außer den noch existierenden Archivexemplaren zeugt davon auch ein Dokument besonderer Art: Als Senta Meyer ihre während der Reichspogromnacht verwüstete Wohnung wieder betrat, konnte sie einige der Zeitschriften mit ihren Beiträgen retten. Sie gelangten als Einwickelpapier von Geschirr nach New York und sie gab die Reste ihrer jahrelangen Arbeit dem Leo-Baeck-Institut zur Verwahrung. Die Zeitungen, für die sie schrieb, waren, wie sie notierte, unter anderem: das »Hamburger Israelitische Fremdenblatt«, die »Jüdisch-Liberale Zeitung«, Berlin, die »Israelitische Zeitung« mit der Beilage »Die Laubhütte«, das »Jüdische Gemeindeblatt«, Hamburg, und die »Jüdische Rundschau«, Berlin.

Ihre eigene Auswanderung betrieb sie seit 1936. Nach wechselvollen Ereignissen, Zufällen und Rückschlägen, gelang es ihr und ihrer Familie endlich im März 1939 auszureisen. Wie kompliziert das war, schildert sie in einem Brief: das Auffinden entfernter Verwandter, die Bittgesuche bei der amerikanischen Botschaft, die drohenden Verhaftungen.

»In der Emigration« nennt Senta Meyer-Gerstein den zweiten Teil ihrer Erinnerungen, der ihr Leben in Amerika dokumentiert. Bei der Lektüre fällt sofort auf, dass ihr die genauen Vorbereitungen, die sie anderen empfohlen hatte, selbst zugute kommen. Ähnlich wie bei Elsbeth Weichmann, die davon ausführlich in ihrer Autobiographie »Zuflucht« berichtet, sind es auch bei Senta die handwerklichen, »häuslichen« Fähigkeiten, die ihr das Überleben sichern. Zunächst bietet sie sich als Dolmetscherin an, doch auf der Jobvermittlung in New York wird ihr nur eine Stelle als Hausangestellte angeboten. Sie möchte aber ihren alten Vater, für den sie trotz seines Alters nach langem Hin und Her doch noch ein Ausreisevisum bekommen hat, nicht allein lassen. Sie versucht, den Anschluss an andere deutsche Emigranten herzustellen, schreibt sogar wieder ein paar Artikel für eine Emigrantenzeitung, die aber bald eingestellt werden muss. Die Kontakte zu Bekannten aus der Heimat sind für viele Emigranten überlebenswichtig, um einen Kreis Gleichgesinnter zu haben, in dem die Sorgen besprochen werden können, auch die Sorge um die Zurückgebliebenen: »Wir wissen von Konzentrationslagern; aber über das Grausame, das dort geschieht, wissen wir nichts.« Vermutlich war das ein Segen.

Amerika ist auch noch in den Kriegsjahren das Land der unbegrenzten Möglichkeiten – vorausgesetzt man hat die entsprechenden Ideen. Senta besinnt sich auf ihr handwerkliches Geschick im »Smok-Nähen«. So findet sie ihren ersten Job. Bald plant sie, ein »Baby Home« für Tag und Nacht zu eröffnen. Staatliche Kindergärten nehmen keine Kinder unter einem Jahr auf. Wie aber sollen die Emigrantenpaare, die als »couple« einen Job haben – sie im Haushalt, er als Pförtner oder

Chauffeur – ihre Babys versorgen? Über die Gründe, ein Baby Home zu eröffnen, erfahren wir nichts, denn sie hat inzwischen einen gut bezahlten Fabrikjob. Ob es Unzufriedenheit mit der Arbeit dort ist, ihre eigene Kinderlosigkeit – ihre Ehe ist inzwischen gescheitert – oder die Aussicht auf ein noch besseres Einkommen, bleibt unklar. Fast drei Jahre führt sie das Baby Home, kann sogar noch jemanden einstellen. Als ihr Vater einen Herzanfall erleidet, gibt sie die Arbeit auf und wird stattdessen Verwalterin eines »Rooming House« mit 14 möblierten Kleinwohnungen. Bald beginnen für Senta Meyer-Gerstein Jahre der Konsolidierung. Sie gründet eine eigene Firma für Modeschmuck und wirbt für neue Mitarbeiterinnen durch Annoncen im »Aufbau«, der deutsch-jüdischen Zeitung in New York, die die Kommunikation unter den Emigranten sichert. »Woran ich nicht sparen will«, schreibt sie, »sind die Gehälter für meine Arbeiterinnen ... Viele sind in den ersten Jahren die einzigen Verdiener in ihrem Haus. Sie ermöglichen es ihren Männern, ihren akademischen Studien nachzugehen, um wieder zu ihren alten Berufen als Arzt, Rechtsanwalt, Ingenieur oder Architekt und anderen zurückzukommen.« Genau so schildert es auch Elsbeth Weichmann, die in New York einen Betrieb für die Herstellung von Pelzwerk gründete.

Durch die Arbeit lernt Senta Meyer-Gerstein ihren zweiten Mann kennen, ebenfalls Emigrant aus Europa und Schmuckfabrikant. Das neue Glück wird überschattet »durch die grausigen Nachrichten, die in diesen Jahren aus Deutschland kommen und von den entmenschten Handlungen der Nazis sprechen. Das Entsetzen, das uns alle erfasst, ist einfach unbeschreiblich, und uns erfüllt ein abgrundtiefer Schmerz, der kaum durch die Jahre Linderung findet. Das Wissen um den planmäßigen, sadistischen Massenmord verbittert unser Sein.« Langsam enthüllt sich den Emigranten nach dem Krieg die volle Wahrheit und die Auseinandersetzung damit bleibt bestimmend für das Leben aller Davongekommenen und ihrer Nachfahren. Die Frage nach dem Sinn dieses Schicksals am Ende von Sentas Erinnerungen zeigt noch einmal die Verwundung, die selbst ein glückliches und erfolgreiches Leben in Amerika nicht heilen konnte. Emigranten werden auch in ihren persönlichen, intimen Beziehungen immer wieder mit schrecklichen Schicksalen konfrontiert, wie auch Senta, deren zweiter Mann, Jack Urbach, 1966 verstarb und die ein drittes Mal heiratet, Solomon Gerstein, der das Rigaer Getto und vier Jahre Konzentrationslager überlebte. Im Alter widmet sie sich ausschließlich sozialer Wohltätigkeitsarbeit und weiten Reisen. Der zweite Teil ihrer Erinnerungen enthält nicht mehr so viele Stellungnahmen zum Judentum – vermutlich weil es sich in den USA für sie als kein Problem darstellt. Die letzten Jahre verbringt das Ehepaar in Florida in einer Altenwohnanlage, wo Senta sich einer Vielzahl neuer Aufgaben widmet: Sie richtet einen »Job Service« ein, auf den Senioren in Amerika wegen einer fehlenden Rente oft bis zuletzt angewiesen sind, ein Informationsbüro für alte Menschen, wirkt im lokalen Fernsehen als Moderatorin, kurz, sie setzt sich erst dann zur Ruhe, als eine Krankheit sie dazu zwingt. Am 18. März 1991, im Alter von 86 Jahren, stirbt sie.

Eine Frage bleibt dem Leser ihrer Erinnerungen. Warum ist Senta Meyer-Gerstein trotz ihrer großen Liebe zu ihrem Herkunftsort nie nach Hamburg zurückgekommen, um ihre alte Heimat zu sehen? Viele sind zurückgekehrt, um die Stätten der Kindheit und Jugend noch einmal wiederzusehen oder um wieder hier zu leben, wie der Bankier Eric Warburg, die Malerin Gretchen Wohlwill, der Schriftsteller Arie Goral. Als ich Senta Meyer-Gerstein brieflich darauf ansprach, schrieb sie mir:

»Warum ich nie nach Hamburg zu Besuch gekommen bin, da ich doch die halbe Welt bereist habe? Das hatte völlig andere Gründe. Ich wollte die Welt immer kennen lernen, studieren: Land und Menschen. Ich denke, ich bin ein ewiger Student und es macht mir eine außergewöhnliche Freude, mir so viel Kenntnis und Wissen anzueignen wie möglich. Eine Reise nach Hamburg, nach Deutschland, hätte natürlich ganz andere Gründe gehabt, es wäre nicht um Sehen, sondern um ›Wiedersehen‹ gegangen. Und das wäre zu traurig gewesen, dass ich es wohl kaum oder aber gar nicht hätte ertragen können. Weil da, wo mich diese große Liebe zu meiner Heimat erfüllt, dieser tiefe Schmerz wohnt und eine ewige Trauer über das Verlorene, die ich wohl nie überwinden kann. ›Wiedersehen?!‹ Alle Menschen, die mir nahe stehen, sind nicht mehr ...«

Sie behielt ein gebrochenes Verhältnis zu Hamburg. Wie viele andere Bürger der Stadt, die Hamburg verloren hat.

Lola Rogge

LOLA ROGGE
(1908 – 1990)

Lola Rogge war eine Frau des zwanzigsten Jahrhunderts, die alle dramatischen Zeitläufe erlebte und dennoch nach außen ein Leben ohne allzu große Brüche führte. Leidenschaft für den Tanz bestimmte ihr Leben, und nachdem sie dies ihren Eltern gegenüber durchgesetzt hatte, gab es nie wieder ernsthafte Hindernisse in ihrer Karriere. Zwar blieb ihr der internationale Durchbruch verwehrt, aber in Hamburg und Norddeutschland ist ihr Name bis heute ein Begriff. Die Lola-Rogge-Schule existiert unter der Leitung ihrer Tochter Christiane Meyer-Rogge-Turner immer noch, jetzt im Hirschpark-Haus in Blankenese. Im Jahr 2002 wurde dort das 75-jährige Bestehen gefeiert und noch eine neue Abteilung im Kiebitzhof an der Landwehr eingeweiht. Das 1927 in Altona mit der Gründung einer ersten Schule begonnene Lebenswerk Lola Rogges wirkt weiter, durch die jüngere Tochter Andrea auch in Hilversum, Niederlande.

Aufgewachsen ist Lola Rogge in Bahrenfeld, damals noch ein preußisches Dorf nahe Altona, das erst 1936 in die Stadt Hamburg eingemeindet wurde. Als »Preußin« hat Lola Rogge sich selbst gern bezeichnet, damit sicher Charaktereigenschaften wie Fleiß, Disziplin und Zielstrebigkeit gemeint. Den Bessergestellten bot Bahrenfeld eine gute Wohnmöglichkeit im Grünen, schon in der Nähe der vornehmen Elbvororte. So bezog auch Lola Rogges Vater – gelernter Zimmermann, dann Architekt – als Stadtbaumeister von Altona im benachbarten

Bahrenfeld ein kleines Haus mit Garten, als er heiratete. Am 20. März 1908 wurde Lola geboren, ihr Bruder, der vier Jahre älter war, starb schon mit 16 Jahren. Trotz ihrer später unverwüstlichen Kondition war sie ein zartes, kränkelndes Mädchen. 1920 schickten die Eltern sie auf eine jüdische Privatschule nach Harvestehude. Hier durfte sie am Sport teilnehmen, was ihr an der öffentlichen Schule aus Gesundheitsgründen untersagt war. Sport bestand an der neuen Schule überwiegend aus tänzerischer Gymnastik. Mit 12 Jahren hatte Lola Rogge zum ersten Mal Unterricht in dem Fach, das sie später mit Leidenschaft zu ihrem Beruf machte, durfte aber nur in der Schule daran teilnehmen, nicht etwa, wie andere Schülerinnen, auch nachmittags Ballett tanzen.

Vierzehnjährig stand die Zukunft ihrer schulischen Ausbildung auf der Kippe. Die Mutter hatte noch ein Kind bekommen, war geschwächt und Lola wurde mit Haushaltsführung und Babybetreuung belastet. Schulunterricht fiel einfach aus. Aber kaum war die Mutter gesund, holte Lola das Versäumte nach und büffelte für die Aufnahme ins Lyceum. Sie war eine Vielleserin, für Tanzbesessene eher unüblich. Selbstständig erarbeitete sie sich ein Wissen, durch das sie die Lehrer bei der Aufnahmeprüfung überzeugte. Dann war es doch der Vater, der Lola »zum Tanz« führte: Er schrieb für die Schule ein Theaterstück mit einer Tanzeinlage. Der große Erfolg festigte den Berufswunsch der Tochter. Für die Eltern aber war der Tänzerinnenberuf nicht solide genug. Die Betonung des Körperlichen erschien ihnen anstößig. Erst mehrere Hospitationen während der Übungsstunden überzeugten die Mutter, dass Tanzen nicht nur exzessives Aus-Sich-Herausgehen, sondern auch Zurücknahme und Zähmung der Leidenschaften bedeuten konnte. So wurde Lola Rogge als Sechzehnjährige doch noch Tanzschülerin, und zwar in der Schule »Hamburger Bewegungschöre«, 1922 von Rudolf von Laban gegründet. Durch ihn nahm sie an der Revolutionierung des Tanzes teil, der sich in der Aufbruchszeit zu Beginn des 20. Jahrhunderts vom steifen, auf Regeln festgelegten Ballett zu Formen des freien Ausdrucks wandelte. Laban hatte auf dem Monte Verità eine Tanzschule geleitet. In der gelockerten Atmosphäre dieser Künstler- und Lebensgemeinschaft konnte er seine Vorstellungen vom Tanzritus verwirklichen. Er gründete 1913 eine Sommerschule und zog mit einigen seiner Schülerinnen auf den Monte Verità, unter anderem mit Mary Wigman, die bald darauf Triumphe in Hamburg feiern sollte. Auch die in Hamburg geborene Tänzerin Katja Wulff kam 1914 dorthin, sie gründete 1923 in Basel eine Rudolf-von-Laban-Schule. In Hamburg wurde die Schule zu der Zeit, als Lola Rogge dort ihre Ausbildung begann, 1925, von dem ehemaligen Laban-Assistenten Albrecht Knust geleitet, ganz im Sinne der Bewegungslehre Labans, bei der tänzerische und alltägliche Bewegungen miteinander verschmolzen. Dennoch reichte es Lola Rogge nicht, einen seelischen Ausdruck für ihre Persönlichkeit in Zusammenklang mit anderen zu finden, es ging ihr ebenso um tiefer greifende Technik, um handwerkliches Können als Grundlage. So wollte sie auch klassisches Ballett lernen und machte nach dem Abschluss an der Laban-Schule an der Hamburger Staatsoper unter Leitung von Olga Brandt-Knack eine Ausbildung zur klassischen Tänzerin. Aber die Idee, Choreographien für Laien zu gestalten und sich der Ausbildung von Tanzlehrern zu widmen, war bei ihr immer stärker als der Wunsch nach einer Solokarriere. Realistisch veranlagt sah Lola Rogge darin ein einträglicheres Einkommen und eine stetigere Tätigkeit als Tänzerin. Viel von dem, was sie verdiente, floss zurück in Tanzprojekte und die 1927 gegründete eigene Schule – zunächst unter dem Namen »Altonaer Laban-Schule Lola Rogge«. Als Tänzerin auch Geschäftsfrau, besaß sie einen ausgeprägten Sinn für Breitenwirkung und Publizität. Sie studierte Bewegungschöre mit Hamburger Arbeitern ein, leitete Kurse in großen Firmen wie Shell, Beiersdorf und Reemtsma und erteilte seit 1932 über den Rundfunk Gymnastikunterricht, zunächst zweimal wöchentlich, später täglich, was ihr zu einer großen Popularität verhalf.

Als Kind und Jugendliche hat sie erlebt, wie in Hamburg die politische Atmosphäre durch die Kämpfe zwischen Kommunisten und einflussreicher werdenden Nationalsozialisten vergiftet wurde. Auch der Stadtteil Bahrenfeld war von den Kämpfen, die sich vor allem in der Altonaer Arbeiterschaft konzentrierten, berührt. 1923 überfielen Kommunisten die Hamburger Polizeiwachen, aber dieser versuchte Putsch unter Leitung von Ernst Thälmann wurde niedergeschlagen. Was mag sie von diesen Kämpfen mitbekommen haben? Und sah sie im Anwachsen der Nationalsozialistischen Partei eine Gefahr? Lola Rogge war jung und wollte vor allem tanzen.

Von ihrem einmal gewählten Weg als Tanzpädagogin konnten sie weder ein Engagement als Solotänzerin in Braunschweig abbringen noch Ehe und Mutterschaft, und die Nationalsozialisten schon gar nicht. 1934, seit 3 Jahren verheiratet mit Hans Meyer, entschloss sie sich gemeinsam mit ihm, die ihr von Albrecht Knust angebotene Leitung der Laban-Schule am Schwanenwik zu übernehmen. Vom Vorort Bahrenfeld, wo sie in einem verwunschenen kleinen Häuschen mit Garten nahe der S-Bahn aufgewachsen war, zog sie nun in die Villengegend um die Alster. Obwohl sie in der Weimarer Republik der SPD und der Arbeiterbewegung nahe gestanden hatte, konnte sie ihre Kunst unbehelligt weiter ausüben. »Nie haben wir uns ... nach irgendwelchen Verordnungen ideologischer Instruktionen gerichtet. Ehrlich gesagt, ich kannte sie gar nicht«, erzählte Lola Rogge später. »Wir waren hier in Hamburg, zumindest ich, durch nichts in unserer Arbeit eingeschränkt.« Wir, das waren ihr Mann Hans Meyer-Rogge und sie. Dieser Ehemann stand keineswegs nur im Hintergrund, sondern hatte gute Kenntnisse vom Tanz, war begabter Musiker und Literat.

Lola Rogge hat zeit ihres Lebens eine Doppel-, sogar Dreifachbelastung auf sich genommen, als berufstätige Frau, als eigenständige Künstlerin, Ehefrau und Mutter von Zwillingen und zwei jüngeren Töchtern. Auch die Nationalsozialisten konnten sie davon nicht abhalten, alle diese Rollen zu vereinbaren. So war sie eine emanzipierte Frau in einer Zeit, als erfolgreiche Frauen wieder an den Herd verbannt wurden. Ohne die Unterstützung ihres Mannes hätte sie das nicht geschafft, auch nicht ohne einen beinahe großbürgerlich zu nennenden Haushalt mit Haushälterin und Internat für die Kinder. Hans Meyer, der ursprünglich Pianist werden wollte, war, als sie sich kennen lernten, ein arbeitsloser kaufmännischer Angestellter und leitete dann die Schule gemeinsam mit seiner Frau. Er war zuständig für die Finanzen, aber zwischen beiden entwickelte sich auch eine fruchtbare künstlerische Zusammenarbeit. Er schrieb die Libretti zu ihren Bewegungschören und Inszenierungen am Deutschen Schauspielhaus oder für Projekte in eigener Regie und war als begleitender Pianist eine Unterstützung sowohl im Unterricht als auch in der Frühgymnastik im Rundfunk, der finanziellen Basis ihrer Ehe. Vor allem aber erweiterte er ihren Bildungshorizont durch umfangreiche Kenntnisse in Literatur, Musik und Philosophie. Auch ihre großen Tanzschauspiele wurden von ihm entworfen. Nach mythologischen oder volkskundlichen Vorlagen stellte er die Tänze inhaltlich und dramaturgisch zusammen.

Das erste eigenständig produzierte Stück der Meyer-Rogges hieß »Thyll«, nach der »Legende vom Ulenspiegel« des belgischen Dichters Charles De Coster, 1933 uraufgeführt und dann ins Deutsche Schauspielhaus übernommen. Ursprünglich war geplant, den Sprech- und Bewegungschor der SPD einzubeziehen. Der aber wurde von den Nationalsozialisten gestrichen. 1935 entwarfen sie ein zweites Tanzspiel, diesmal ein etwas anderer Stoff: »Amazonen«. Die Geschichte der Amazonenkönigin Penthesilea wird uminterpretiert: Der König der Griechen besänftigt die kämpferische Amazone durch Liebe, ja, er bringt sie sogar dazu, dass ihre Soldatinnen ihn als Herrscher anerkennen, indem sie abdankt und ihm als Geste dafür ihren Bogen überreicht. Für diesen Verrat am Frauenstaat muss sie sterben. Nicht der Griechenkönig – in Homers Dichtung ist es der Held Achill, der im Folgespiel »Die Mädcheninsel« erscheint –, sondern die Oberpriesterin der beleidigten Muttergöttin tötet Penthesilea.

Was Hans Meyer-Rogge, Ehemann einer sehr erfolgreichen Frau, dazu bewogen hat, gerade diesen Stoff aufzunehmen und derart abzuwandeln, darüber mag man spekulieren. Zur Ideologie der Nationalsozialisten passte es, die Rolle der Frau wieder auf die der angepassten Frau und Mutter zu beschränken, und es bestand kein Zweifel, dass der Mann die Dominanz besitzen sollte.

Lola Rogge dagegen schaffte es weiter, mehrere Rollen zu vereinen, Karriere, Mutterschaft und Dame der Gesellschaft. Sie war als Persönlichkeit emanzipiert, musste allerdings auch eine Kränkung durch ihren gut aussehenden Ehemann hinnehmen, der eine langjährige Affäre mit einer ihrer Tänzerinnen hatte und mit dieser sogar ein Kind. Zwar verließ er seine Frau nie, aber es gab doch Heimlichkeiten und für die Kinder die beschämende Tatsache, dass ihr Vater sich immer zwei Weihnachtsfeste gönnte. Später war die Mutter seines Kindes in die Familie integriert. Für diese unabhängige, wohlhabende Frau war Hans Meyer-Rogge die Liebe ihres Lebens, der aber blieb bei seiner Familie, die im Ferienhaus der ehemaligen Geliebten auf Amrum häufig Urlaub machte. So musste Lola Rogge als eine am Leben gebliebene Penthesilea persönliche Niederlagen hinnehmen. Achill gehörte ihr nur halb.

Das Tanzspiel »Amazonen« war ein großer Erfolg, es wurde 1935 in Hamburg uraufgeführt, in dem Jahr, in dem auch die Zwillinge geboren wurden. 1936 wurde Lola Rogge sogar gebeten, eine gekürzte Fassung in Berlin zur Olympiade zu zeigen. Nach der Generalprobe wurde das Stück allerdings von Goebbels persönlich abgesagt, zusammen mit der Choreographie eines »Weihespiels« ihres Lehrers Rudolf von Laban, der daraufhin Deutschland verließ, wie viele jüdische Tänzer vor ihm. Für Lola Rogge stellte sich das Problem der Emigration nie, obwohl sie durch ihre Theaterarbeit Zeuge wurde, wie viele Schauspieler und Tänzer unfreiwillig auswanderten. So wie sie keine politisch aktive Sozialdemokratin war, so war sie auch nicht durch jüdische Herkunft im Sinne der Nationalsozialisten »belastet«. Ihre Idee der »Bewegungschöre«, die sie von Laban übernommen hatte und die sie in Kindergruppen und mit Laientänzern ebenso verwirklichte wie auf der Bühne des Deutschen Schauspielhauses, wo seit 1935 kaum ein Stück ohne choreographische Mitgestaltung Lola Rogges aufgeführt wurde, entsprach einer Tradition der Arbeiterbewegung, die auch die Nationalsozialisten mit ihrem Sinn für Masseninszenierungen bewusst aufnahmen. Das Gemeinschaftsbildende von Bewegungen war als gestaltendes Element in dieser menschenverachtenden Ideologie verankert. So war Lola Rogge mit ihrer Schule, obwohl sie von Herkunft und Gedankengut eher der Opposition nahe stand, ein Glied in einer verhängnisvollen Kette, was ihr aber weitergehende Konflikte ersparte. Hier ist wohl auch die Ursache dafür zu sehen, dass Lola Rogge für die Tänzer in der Emigration unter dem Verdacht der Kollaboration stand. International wird ihr Ruf nie eine große Bedeutung haben. An Emigration haben ihr Mann und sie nie gedacht, dessen ist sich beider Sohn, der Bildhauer Jan Meyer-Rogge, sicher. Sie blieben Hamburg verbunden, lebten nach Hamburg-Bahrenfeld in wechselnden Häusern in Harvestehude – dem Schwanenwik, der Adolfstraße und der Tesdorfstraße. Trotz jüdischer Freunde konnten sie unbehelligt leben und arbeiten. Lola Rogge leistete es sich sogar vorsichtig, eine Zusammenarbeit mit Organisationen der NSDAP unter Hinweis auf ihre Belastung als Mutter abzulehnen.

Das Ehepaar Meyer-Rogge war neben ihren beruflichen und privaten Tätigkeiten im kulturellen Leben Hamburgs sehr aktiv. Jeden Freitagabend hielten sie ein offenes Haus. Zu diesen »jours fixes« kamen nicht nur Tänzer, Schauspieler und Musiker, sondern vor allem Literaten. Kammermusik, Vorträge, Lesungen und Diskussionen standen auf dem Programm. Die Literatur war eines der gemeinsamen Interessengebiete des Ehepaares. Hans Meyer-Rogge hatte selbst literarische Ambitionen. Es kamen die Verleger Ernst Rowohlt und sein Nachfolger Heinz Ledig-Rowohlt, Eugen Claassen, die Schriftsteller Hans Henny Jahnn, Joachim Maass, Axel Eggebrecht, Martin Beheim-Schwarzbach und viele andere. Kein großes Künstlerfest im Curiohaus am Rothenbaum ohne die Mitwirkung der Meyer-Rogges. Die Wiederaufnahme der Tradition der Künstlerfeste aus der Weimarer Republik wurde nach dem Zweiten Weltkrieg schon 1947 wieder angeregt. Und zum Feiern gehörten die Meyer-Rogges, die für Organisation und Ablauf der Feste Mitverantwortung übernahmen. Die Jahre nach dem Zweiten Weltkrieg bildeten den Höhepunkt im künstlerischen Schaffen Lola Rogges. Privat führte sie ihren Haushalt zusammen mit drei Angestellten, Köchin, Kindermädchen und Putzfrau, künstlerisch arbeitete sie eng mit Gustav Gründgens am Deutschen Schauspielhaus zusammen. Für die Leiderfahrungen, die allgegenwärtige existentielle Zerrüttung nach dem Krieg fand sie großartige choreographische Bilder, die der Nachkriegsbevölkerung ihre Gefährdung bewusst machen sollten. Ihre letzten Inszenierungen sind Mysterienspiele, diesmal verzichtet sie auf die Unterstützung ihres Mannes. »Vita Nostra«, ein szenisches Oratorium, 1950 im Deutschen Schauspielhaus uraufgeführt, »Theodora«, das Händel-Oratorium, uraufgeführt in der Musikhalle Hamburg 1952 und aufgeführt zum ersten Evangelischen Kirchentag in Hamburg 1953, gehören dazu, und der »Lübecker Totentanz«, in zwei Inszenierungen zu sehen, 1954 in St. Marien, Lübeck und 1963 in St. Katharinen, ebenfalls Lübeck. In einem letzten öffentlichen Auftritt tanzte Lola Rogge die Rolle der Kaiserin, die sich vom Tod hofieren lässt und ihm wie alle anderen erliegt.

Sie macht, was alle großen Künstler tun sollten: Auf dem Höhepunkt ihres Erfolges zieht sie sich zurück und wartet nicht ab, bis es stiller wird oder die Kräfte nachlassen. Als Pädagogin bleibt sie bis zuletzt tätig, aber der öffentliche Auftritt unterbleibt. Ob aus privaten Gründen oder nicht doch aus Verletztheit über die mangelnde internationale Anerkennung. Sie festigt den Ruf ihrer Schule und kann ihre Tochter Christiane als Nachfolgerin einarbeiten. Nach dem Tod von Hans Meyer-Rogge 1975 gibt sie die Leitung ab – aber sie bleibt in der Schule präsent, denn bis zu ihrem Tod am 13. Januar 1990 hat sie unterrichtet.

Lola Rogge hatte tatsächlich eine besondere Präsenz. Wenn sie einen Raum betrat, stand sie sofort im Mittelpunkt, wenn sie einkaufte, wurde sie mit einer Selbstverständlichkeit im Laden zuerst bedient und alle anderen Kundinnen warteten neugierig und geduldig ab. Mit dieser Wirkung, die auch etwas Erschreckendes haben kann, versöhnt sich nur jemand, der fest von seiner Sendung, seiner Besonderheit überzeugt ist. Schon die Hartnäckigkeit der jungen Lola, die sechzehnjährig ohne vorherige Ausbildung in die Laban-Schule aufgenommen wird, deren Leiterin sie einmal werden sollte, zeugt nicht nur von Begabung, sondern von Durchsetzungskraft gegenüber Autoritäten und Rivalen, ohne den Verlockungen einer nur auf sich gerichteten Karriere zu verfallen. Wie viel weit gefasster als jede künstlerische Selbstverwirklichung erschien ihr der pädagogische Auftrag! Jede Gelegenheit, ihre Überzeugung weiterzugeben, nahm sie wahr, motivierte Zigtausende zu einem gesünderen Leben. Es ging ihr nicht nur darum, mit Kunst zu erfreuen, zu ergreifen. Es ging um nichts weniger als um die Erneuerung des Menschen durch Tanz, durch Bewegung. »In jedem Mensch steckt ein Tänzer« – Rudolf von Labans Glaubensbekenntnis war auch das ihre.

Marion Gräfin Dönhoff

MARION GRÄFIN DÖNHOFF
(1909 – 2002)

»Namen, die keiner mehr nennt«, »Um der Ehre willen«, »Menschenrecht und Bürgersinn« – Gräfin Dönhoffs Buchtitel sprechen von dem besonderen politischen Verantwortungssinn der großen Journalistin und Publizistin. Ihre Erinnerungsbücher an Kindheit und Jugend in Ostpreußen und die am Widerstand des 20. Juli Beteiligten haben schwierige Themen unsentimental und mit viel Feingefühl wieder in die öffentliche Diskussion gebracht.

Marion Gräfin Dönhoff war eine der ersten, welche die Vertreibung aus dem Osten in ihren Lebensaufzeichnungen zum Thema machte. Ihre bewegenden Erinnerungen von ihrem Ritt durch die vom Krieg bedrohten Ostgebiete, die Schilderungen der Flüchtlingsströme gehören zum Eindringlichsten, was zu diesem Thema geschrieben wurde.

Zugleich zeigt sich die politische Journalistin in einem Brief an ihren Bruder Dieter vom 27. September 1941 als poetisches Talent: »... das Fallen der Blätter, die blaue Ferne, der Glanz der herbstlichen Sonne über den abgeernteten Feldern, das ist vielleicht das eigentliche Leben. Solche Bilder schaffen mehr Wirklichkeit als alles Tun und Handeln – nicht das Geschehene, das Geschaute formt und verwandelt uns.« Später begreift Marion Gräfin Dönhoff ihr Schreiben vor allem als politisches Handeln.

»Nach Osten fuhr keiner mehr« heißt das erste Kapitel ihres Buches »Namen, die keiner mehr nennt«. Gemeint ist ein Eisenbahnzug, den die Gräfin, schon nach wenigen Fluchttagen im eisigen Januar 1945, wieder in Richtung Osten, nach Königsberg besteigen wollte, um auf dem heimatlichen Schloss Friedrichstein die Russen zu erwarten. Zum Glück fuhr kein Zug, denn sonst wäre es wohl nie zu diesem Bericht gekommen. Nüchtern, wahrheitsgetreu, ohne Anklage sind ihre Worte über die Schrecken, denen sie auf der Flucht begegnet. Eine Zeugin des Jahrhunderts, von der wir zum Glück viele Aufzeichnungen über die Ereignisse im ehemaligen Ostpreußen besitzen.

Viel über ihre Lebenseinstellung verrät eine kleine Schilderung, die ebenfalls aus dem oben genannten Buch stammt. Schon während ihres Studiums in Frankfurt, als Hitler die Macht ergriff, wusste sie, dass ihre Heimat Ostpreußen verloren sein würde. »Und doch lebte man so, als ob ... als ob alles so weiterginge ... Bei jedem Haus, jeder Scheune, die wir bauten, jeder neuen Maschine, die angeschafft wurde, pflegten wir Geschwister zu sagen: ›Die Russen werden sich freuen.‹ Obgleich man also von der Sinn- und Zukunftslosigkeit des Ganzen überzeugt war, wurde die Gegenwart genauso wichtig genommen wie je.« Mit dieser unlarmoyanten Einstellung mochte es gelingen, große Schreckenszeiten zu überleben und darüber sogar über neunzig zu werden. Die Haltung des Dennoch, die Fähigkeit, immer wieder neu zu beginnen, ohne bloß auf das Vergangene, Verlorene zu schauen und zu klagen, ist eine Stärke dieser Frau.

Marion Gräfin Dönhoff personifiziert die Emanzipation der Frau im 20. Jahrhundert wie kaum eine andere, jenseits jeglicher Emanzipationsbewegung und ohne »Emanze« zu sein. Sie studierte und wählte die berufliche Selbstständigkeit, war befreundet mit Staatsmännern, bewundert von Männern und Frauen. Nur in einer Beziehung steht sie hinter anderen Frauengestalten, die das Jahrhundert prägten, zurück: im konsequenten Verschweigen ihrer libidinösen Neigungen und dem Erleben leidenschaftlicher Verwicklungen. Das ist »zu privat«. Wo sich Lücken auftun, wächst die Neugier. Ihre Biographen haben diese Lücke respektiert. Alles Private lässt Haug von Kuenheim weg, um dann doch mit der Geschichte ihrer Kindheit zu beginnen, deren Privatheit allerdings unverfänglich ist. Selbst Alice Schwarzer, die »Emma«-Herausgeberin, bleibt, was das Privatleben der bewunderten Berufskollegin betrifft, in verehrungsvollem Abstand, dennoch gelingt ihr ein farbiges Bild dieser Frau, außerdem ein politisches Lehrbuch über die jüngste Geschichte Deutschlands.

Als Augenzeugin hat Marion Gräfin Dönhoff die letzten Wochen Ostpreußens erlebt und beschrieben. Die große Tragik der Vertreibung ist es bis heute geblieben, dass sie im Nachkriegsdeutschland nie richtig aufgearbeitet worden ist. Dönhoff nahm an der letzten Konfirmation im Dorf teil, wo sie als Gutsverwalterin arbeitete. Sie sieht die Jungen, denen der Einsatz an der Front bevorstand, Mädchen, denen grauenvolle Morde drohten.

Bei 25 Grad minus reitet sie im Treck der Vertriebenen, schildert, wie viele zurückbleiben mussten, während sie durch ihr Pferd beweglich blieb.

Es musste bitter für sie sein, dass weder die Rolle des Widerstandes noch der Verlust von Heimat und Leben so vieler Menschen in den Jahren nach dem Krieg gebührend in das Bewusstsein der Öffentlichkeit drang. Die Aufarbeitung der Schuldfrage verhinderte die Trauer, die oft nicht einmal im Privaten Raum hatte, es scheint, als würde jetzt erst langsam das Ausmaß ihrer Verdrängung erkannt.

Die Leugnung der Briten und Amerikaner, dass überhaupt je ein deutscher Widerstand von Bedeutung existiert hat, verlangsamte den Wiederaufbauprozess in Deutschland, denn zunächst war nichts da, worauf sich die Identität der Bevölkerung gründen konnte. Es ist das Verdienst der Gräfin Dönhoff, die Leistung des deutschen Widerstandes gegen Hitler in ihren Schriften herausgestellt zu haben. Im Postskriptum ihres Buches »Um der Ehre willen«, das 1994 erschien, kommt sie zu der Frage, was sie mit den Helden des 20. Juli verbunden hat: Herkunft, Alter, politische Gesinnung und dieselbe Geisteshaltung, die sich dem Gemeinwohl verpflichtet fühlt. Genaueres über die Rolle, die sie dabei spielte, erfährt man in ihrem Buch allerdings nicht.

Aber auch sie geriet in Gefahr. Ein Onkel, der sich wegen eines verlorenen Prozesses rächen will, schwärzt sie bei den Nationalsozialisten an, aber ihre Dienstboten zeugen für sie und ihr Name wird auf keine der Fahndungslisten gesetzt. Als ihr klar wird, dass ihre Befrager außerordentlich gut informiert sind, gibt sie ehrlich zu, die Verdächtigen gekannt zu haben – vor allem wird ihr bewusst, dass ihr jemand schaden wollte. »Lange Zeit«, schreibt sie, »wünschte ich, ich hätte auf irgendeiner Liste für ›Hilfskräfte‹ gestanden: Nichts konnte schlimmer sein, als alle Freunde zu verlieren und allein übrig zu bleiben.«

»Glück ist eine Eigenschaft«, zitiert Alice Schwarzer in ihrer Biographie die Gräfin und vergleicht sie darin mit der ebenfalls von ihr bewunderten Simone de Beauvoir, die sich selbst als »zum Glück begabt« bezeichnete.

Das Glück beider Frauen liegt in ihrer Eigenständigkeit, aber auch in dem leidenschaftlichen Einsatz für ihre Ziele.

Besonderen Anteil an der Lebensführung der Dönhoff hat laut Alice Schwarzer die glückliche Familiensituation und Herkunft der Dönhoff. Sie macht deutlich, dass das geschwisterliche Zusammensein, welches auch Nichten, Neffen und Großneffen mit umfasste, der Gräfin den notwendigen familiären Rückhalt gegeben hat.

Auch wenn die frühe »Zeit«-Redaktion, in die Marion Gräfin Dönhoff kurz nach der Gründung 1946 – zuständig für Volkswirtschaft und Politik – aufgenommen wurde, für sie das Modell einer Quasi-Familie bildete, betonen doch alle früheren Kollegen die freundschaftliche Distanz, mit der sie den anderen begegnete. Sie flößte Respekt ein. Dabei war es sicherlich das Wissen um ihre Herkunft, das über die ganze Welt verzweigte Verwandtschaftsnetz, das ihr den kosmopolitischen Rahmen für die Selbstsicherheit gab, mit der sie überall auftrat. Doch Herkunft allein reicht nicht. Marion Gräfin Dönhoff schöpfte ihr Selbstverständnis vor allem aus ihrer persönlichen Geschichte. Was sollte einer Frau, die schon 1924 als Jugendliche knapp dem Tod entkam – sie konnte sich aus einem Auto, das in den Fluss Pregel gestürzt war, befreien, während zwei Freunde ertranken –, eine Frau, die die Gefahren des Widerstands, eine traumatische Flucht aus dem Osten und den Verlust der Heimat überlebt hatte, denn noch drohen? An diesem Nullpunkt bildet für sie den Halt die Verantwortung, die sie für andere auf sich nahm: für das Gesinde und die Bauern auf den Gütern im Osten, für die Kinder und Kindeskinder der Geschwister, für die Mitarbeiter in der Redaktion und letzten Endes für das Gemeinwohl des Volkes. Preußisch wird sie genannt, was ihr gefällt. Denn darunter versteht sie Verantwortungssinn, Vorrang des Geistigen gegenüber dem Materiellen, auch Arbeits- und Tatendrang. Wer ihr Leben verfolgt, wird sich hüten, über »preußische Tugenden« zu spotten, denn sie ist fest überzeugt, dass deren Stunde wiederkommt – zum Nutzen der Gesellschaft.

Natürlich wollte eine Feministin wie Alice Schwarzer vor allem ihre außergewöhnliche Rolle als Frau thematisieren. Dönhoff eignet sich zwar als Emanzipationsmodell, nicht aber als Vorreiterin des Feminismus. Sie tritt Männern nicht als Frau entgegen, sondern als selbstverständlich gleichberechtigter Partner. Schon in der Schulzeit verhielt sie sich so, machte als einziges Mädchen in der Klasse Abitur, war die erste Journalistin von Einfluss, einzige Frau in hochkarätigen Männerrunden. Für Helmut Schmidt wäre sie eine geeignete Bundespräsidentin gewesen. Die erste weibliche Bundespräsidentin, die mit Sicherheit nichts Besonderes darin gefunden hätte, da sie sich Männern gegenüber nie benachteiligt gefühlt hat. Die zu Frauen, die sie mochte, »Mein Liebchen« sagte und zu Männern »Mein Alter«. Auch ihre einfache Lebensweise war nicht unbedingt frauenspezifisch im aufstrebenden Wirtschaftswunderland. Luxus leistete sie sich einzig mit ihrem Porsche und einer Wirtschafterin für die praktischen Belange des Lebens, ansonsten fuhr sie Bahn zweiter Klasse, wohnte in einem kleinen Häuschen und machte sich nicht viel aus Mode. Ihr Vermögen legte sie in einer Stiftung an, die unter anderem Übergangswohnungen für aus der Haft entlassene Männer finanziert, aber auch Stipendiaten aus dem Osten unterstützt.

Sie schildert sich selbst als diszipliniert, dies ist für sie eine Lebensform, die neben Gesundheit eine gute Voraussetzung fürs Altwerden ist: regelmäßiger Tagesverlauf, wenig Fernsehen, wenig auswärtige Abendeinladungen. Mit wem sie zusammen sein möchte, bestimmt sie lieber selbst und lässt Gäste zu sich kommen. Früher dagegen war sie manchmal »die letzte an der Bar«, wie Haug von Kuenheim schildert. Für ihren Nachfolger Theo Sommer ist sie »die ewige Jungfrau«. Mit ihr flirtete man nicht, man diskutierte.

Als Schwarzer ihr sagt, sie habe »quasi ein Männerleben gehabt«, kontert die Gräfin in einem Interview: »Ich finde, es gibt keine extra Frauenleben und extra Männerleben.« Ein guter Ausgangspunkt für verwirklichte Emanzipation.

In ihrem Buch: »Vier Jahrzehnte politischer Begegnungen« findet sich unter den berühmten Politikernamen wie Willy Brandt, Henry Kissinger und Nelson Mandela der einer einzigen Frau: Helen Suzman, Abgeordnete im südafrikanischen Parlament von 1953 bis 1989. Manchmal einzige Opposition im Parlament wird Suzman von Dönhoff als eine Person geschildert, in der sie wohl vieles von sich selbst wiedergefunden hat. Eine Frau, die sich »als einzelne stets für das Ganze verantwortlich« fühlte. Und keine Angst hatte, sich zwischen alle schwarz-weißen Stühle der Apartheid zu setzen. Von den Weißen als Kommunistin beschimpft, von den Schwarzen kritisiert, weil sie gegen Sanktionen eintritt. »Kämpfen macht ja schließlich auch Spaß und sich für Menschenrechte einzusetzen, lohnt sich doch«, sagt sie zu Marion Gräfin Dönhoff. Und wenn eben niemand zu ihr hielt, wenn sie verfolgt und geschnitten wurde, dann saß sie mittags ganz allein in ihrem Büro beim Butterbrot. Das war auch auszuhalten.

Dönhoff dagegen wurde immer hoch verehrt, aber sie war bereit, ihrem Gewissen zuliebe alles aufs Spiel zu setzen. Wie 1954, als die »Zeit« unter dem Chefredakteur Richard Tüngel plötzlich rechtsgesinnt wurde und mit Carl Schmitt einen ehemaligen Nationalsozialisten zu Wort kommen ließ. Da reichte Dönhoff ihren Abschied ein und ging für ein Jahr als freie Journalistin nach Amerika und schrieb unter anderem für die »Welt«. Bis der »Zeit«-Herausgeber Bucerius sie 1955 wieder nach Hamburg in die Redaktion holte, wiederum »Verantwortlich für Politik«, wie im Impressum zu lesen stand. 1957 unterschreibt sie, die »Freie«, endlich einen Vertrag und wird 1968 Chefredakteurin, 1973 selbst Herausgeberin der »Zeit«. Die sechziger Jahre und ihre Tätigkeit damals sind gut nachlesbar im Briefwechsel mit Bucerius, der 2003 erschien. Geistig wach bis zuletzt war Marion Gräfin Dönhoff, die mit 90 Jahren feststellte, dass sie eigentlich nie über ihr Alter nachgedacht habe. Für sie war es einfach selbstverständlich, »dass man immer so weiter macht«. In letzten Gesprächen und Reden wird deutlich, dass sie an die Eloquenz ihrer Befrager, ihres Nachfolgers Theo Sommer und ihres Biographen Haug von Kuenheim, nicht mehr heranreicht, dass aber ihre Gedanken so klar sind wie eh und je.

Als Lebensgrundlage gibt sie ihre »Werte« an, ihre Religiosität, ohne jede Frömmelei, ihre Nichtachtung des Materiellen und ihr immerwährendes Interesse an Dingen, die aufs Ganze, aufs Gemeinwohl bezogen werden können. Am 11. März 2002 starb sie auf Schloss Crottorf bei ihren Verwandten.

Hamburg, Lebensort ihrer zweiten Lebenshälfte, war ein zufälliger Ort, an den die Arbeit sie geführt hatte, sie selbst fühlte sich auf der ganzen Welt zu Hause, wovon viele ihrer Reisebücher zeugen.

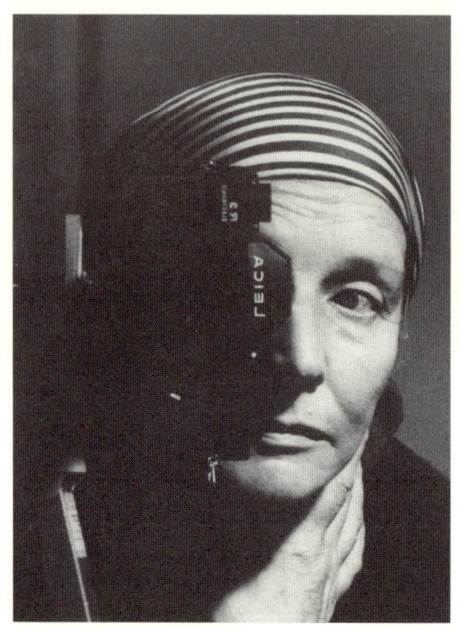

Leonore Mau

LEONORE MAU
(geb. 1916)

Leonore Mau arbeitete als Fotografin für Architektur- und Modezeitschriften, als sie Anfang der Sechziger den jungen Hubert Fichte in Hamburg traf. Zwischen beiden entspann sich hierauf eine tiefe Liebes-, Lebens- und Arbeitsbeziehung, die bis zu seinem Tod 1986 andauerte. Mit der Dokumentation ihrer ethnographischen Reisen nach Afrika und in die Neue Welt schufen sie ein beeindruckendes künstlerisches Doppelwerk: in dem die Fotos von Leonore Mau und die Aufzeichnungen, Romane und Forschungsberichte ihres Lebenspartners Fichte eng aufeinander bezogen, doch unabhängig zu betrachten sind.

»Alles über mich ist bei Hubert Fichte nachzulesen«, erklärte sie einst. Fichtes Schreiben ist tatsächlich als »poetische Selbstfixierung« beschrieben worden, aus seiner Prosa spricht ein schonungsloses dokumentarisches Interesse an der Wirklichkeit. Geboren wurde Leonore Mau 1916 in Leipzig, wo sie in bürgerlichen Verhältnissen aufwuchs. Ihr Vater, so erfährt man im »Hotel garni«, dem ersten Band von Hubert Fichtes »Geschichte der Empfindlichkeit«, starb 1919 an einer Kriegsverletzung. »Ich wuchs ohne Vater auf«, so spricht ihr Alter ego »Irma« im Roman. Damit teilt sie das Schicksal Hubert Fichtes, der ebenfalls seinen Vater nicht gekannt hat. Leonores Mutter lebte von der Pension des Vaters und heiratete nicht mehr. Mau besuchte eine Privatschule, Bücher und Musik prägten ihre Kindheit, sie

spielte Klavier und Geige, las sich durch die gesamte Weltlite-
ratur und ging nach dem Abitur 1934 bis 1937 auf die Kunstge-
werbeschule Leipzig, um Bühnenbildnerin zu werden.

Fichte interessierte sich in seinen Aufzeichnungen besonders
für ihre frühen sexuellen Erfahrungen, aber auch dafür, wie sie
zur Fotografie fand. Ihr Bruder war ein besessener Hobbyfoto-
graf, auch sie selbst bekam schon mit dreizehn eine Kamera,
begeisterte sich aber erst wirklich für die Fotografie, als sie
kurz vor dem Zweiten Weltkrieg Fotos von Hans Köster sah,
der Flugkapitän in Südafrika war. Ihr wurde bewusst, dass man
mit einer Kamera um die Welt fahren könnte, um sie zu entdecken. »Dass man in ein fremdes Land geht und bildlich etwas
darstellt.« Aber bevor das Fotografieren zu ihrer beruflichen
Passion werden konnte, kamen 1937 die Ehe mit einem Ar-
chitekten, aus der zwei Kinder hervorgingen, der Krieg, 1945
die Flucht. Sie ging mit ihrer Familie schließlich nach Hamburg und wohnte dort zuerst bei dem Schriftsteller Hans Leip
im Stadtteil Blankenese. Wie in vielen Ehen nach dem Krieg
kriselte es schnell, beiden versprachen neue Partnerschaften
mehr Befriedigung und sie trennten sich.

Als Leonore Mau eines Tages, »an dem sich mein Leben
geändert hat,« eine Leica angeboten wird, greift sie zu. Schnell
wird sie zur begehrten Fotografin. Für alle großen Zeitschriften
fotografiert sie Architektur, Innenräume und Mode. Selbst ihre
Kinder fanden es gut, wenn sie herumreiste und dabei ihr Geld
verdiente, sie wurden dann von der Großmutter versorgt. »Man
kann doch nicht sein ganzes Leben die Kinder bemuttern, die
dann viel schneller groß werden, als man denkt«, sagt sie dazu.
So wächst ihr die Rolle der emanzipierten, berufstätigen und
auch sexuell freien Frau zu, und das in den fünfziger Jahren.
Der junge Fichte verbringt diese Zeit in der Provence. Als er

sie bei seiner Rückkehr nach Hamburg trifft, ist sie bereits eine etablierte Fotografin. Sie ist die erste Frau, mit der er schläft, die einzige, mit der er sein ganzes Leben lang verbunden bleibt. Die er keinem anderen Mann gönnt. Die keinen anderen Mann will als ihn, auch wenn sie ihn mit anderen Männern teilen muss. Leonore Mau, »Irma«, begegnet ihm eigen- und widerständig, dabei voller Toleranz gegenüber seiner Bisexualität.

Die Bisexualität Fichtes durchzieht thematisch seine Aufzeichnungen über die gemeinsamen Reisen. Neben den ethnographischen Forschungen bildet sie einen wichtigen thematischen Bestandteil seines Schreibens. Für die Umwelt spielen sie verschiedene Rollen: Aus der Ferne geben sie ein Ethnographenehepaar, professionell gesehen sind sie Schriftsteller und Fotografin und persönlich? »Wer ist die Frau? – Meine Freundin. – Ich dachte, es sei deine Mutter.« Und Fichte wundert sich, »wie leicht man sich in den Hotels mit dem Inzest abfindet«.

Liebes- und Arbeitsleben der beiden existieren als verdoppelte Wirklichkeit, in ihren Fotos und seinem »Forschungsbericht«: »Ich habe zu schreiben begonnen. Ich verändere nichts. Die Ereignisse und Gedanken werden in der gleichen Reihenfolge auftreten wie in der Wirklichkeit. Das ist das Kompositionsprinzip. Das ist das Risiko.« Fichte behauptet eine Form des dokumentarischen Schreibens, um in Konkurrenz zur Abbildbarkeit der Fotografie zu treten. Leonore, aber auch das Medium Bild faszinieren ihn und er versucht, die Grenzen ästhetischer Vor- und Nachteile des Schreibens gegenüber der Fotografie auszuloten. Wie ihr Werk, das Schreiben und Fotografieren, sind sie aufeinander bezogen, doch beide arbeiten eigenständig in ihrem Medium.

Über den am Buchmarkt wenig präsenten Autor wurde in den Neunzigern eine eigene Arbeitsstelle an der Universität Hamburg eingerichtet. Auch ein Literaturpreis der Stadt Hamburg ist nach Hubert Fichte benannt. Aber erst sein 70. Geburtstag am 21.3.2005, beinahe 20 Jahre nach seinem Tod, brachte ihm neue Aufmerksamkeit: Es wurde eine Ausstellung für Fichte und Mau ausgerichtet und seither wurden seine Rundfunkessays und einige seiner Bücher wiederaufgelegt.

Die Themen des Schriftstellers werden auch die Leonore Maus. Als Fichte sich in den sechziger Jahren literarisch etabliert, angefangen mit seinem Roman »Die Palette«, sind es Schriftstellerfotos der Gruppe 47 und des Literarischen Colloquiums Berlin, dann der Kiez auf St. Pauli in Hamburg, Prostituierte und Seeleute und später die »doppelte Dokumentation« der ethnographischen Forschungen, die sie beschäftigen. Fotoausstellungen, Zeitschriftenreportagen, Bücher, Kataloge und Filme zeugen von der Arbeit der beiden, die in ihrer Fülle noch lange nicht ausgewertet ist.

Für Peter Braun, der über die Beziehung zwischen Fotografie und Literatur im Werk von Mau und Fichte 1995 eine Dissertation geschrieben hat, sieht Mau wie »eine alte Indianerin« aus. Markante Nase, klare blaue Augen, weiße, auf die Schultern fallende Haare. Fotos von ihr sind selten, von Fichte gibt es umso mehr. Die meisten, die das Paar zeigen, scheinen aus den sechziger, siebziger Jahren zu stammen: beide elegant gekleidet auf dem Weg zu gesellschaftlichen Ereignissen. Gelegentlich gibt Mau den Apparat aus der Hand und Fichte fotografiert sie als kühle blonde Schönheit, der man kaum die Strapazen der weiten, exotischen Reisen zutraut.

Ohne das Wort »Konkurrenz« wird man der Verbindung zwischen Mau und Fichte nicht gerecht. Es erstaunt, dass Mau, die Profi-Fotografin, sich von Fichte Motive vorschlagen und auch kritisieren ließ. Ihr fiel eine Auswahl ihrer Arbeiten immer schwer, das überließ sie durchaus ihm. Solche »Eingriffe« nahm sie hin, weil sie sich in ihrem Medium sicher fühlte und auch eine gewisse Überlegenheit des Mediums spürte: Das Schreiben kann nur sukzessiv erfassen, Fotos aber überliefern die Wirklichkeit mit einem Blick, wenn auch aus einer Perspektive. Viele der Diskussionen zwischen »Irma« und »Jäcki«, Fichtes Alter ego im Roman, drehen sich um das Thema Fotografie, um die Konkurrenz zwischen Bildern und Wörtern, die sprachlich oft auf visuelle Wurzeln hinweisen. Fichte will ihre Methoden erkennen und für sein Schreiben übernehmen. Je länger ihre Zusammenarbeit dauert, umso mehr stellt sich heraus, dass eine totale Übereinstimmung nicht möglich ist und es nur künstlerische Autonomie auf jedem ihrer Gebiete geben kann, die eine Interpretation »verdoppeln«, aber nichts zur Deckung bringen kann. Dieses »Doppeln« als Prinzip lässt sich als eine grundsätzliche, eben auch sexuelle Bi-Disposition der beiden Künstler begreifen. Es ist schließlich Leonores Anziehungskraft auf eine »Wudu«- oder Voodoo-Priesterin, die sich in sie verliebt, die beiden die Teilnahme an einem ersten Ritual ermöglicht.

Fichte, der sich philosophisch, psychoanalytisch und ethnologisch weiterbildete und selbstständig forschte, ging es in seiner Literatur um das Leben, um extreme Erfahrungsformen – dies bildete den Antrieb für sein Schreiben. Dabei interessierten ihn, ebenso wie Leonore Mau, vor allem Randformen der Sexualität, ihr Verhältnis zur Gewalt und deren Verbindungen ins Bewusstsein. In Form einer Chronik subjektiver Befindlichkeiten, die sich am beobachteten Gegenstand entzünden, arbeiten beide in ihrem eigenen Medium.

Leonore Mau musste Fichte von Anfang an teilen, gleich zu Beginn ihrer Beziehung war er mit einem Mann zusammen, führte eine »Ménage à trois«. »Heute ist Donnerstag. Da bin ich bei ihm. Der Montag gehört ihr«, notiert er. In seinem »Kopf-kino« vermischen sich Brüste und »Riesen-Oymel« zu einem androgynen Wesen. Im Buch »Alte Welt« allerdings kann Leonore Mau lesen: »Ich liebe nur meine Mutter. Die einzige Annäherung an die Liebe und die Erfüllung ist Irma. Die Ärsche gaukeln nur.« Aber auf das Gaukeln kann er nicht verzichten.

Die Reisen von Leonore Mau und Hubert Fichte führten sie vom Ende Europas – Portugal – bis in die Neue Welt nach Brasilien und wiederholt nach Haiti. Sie wohnen in Hotels und lassen sich mit dem Taxi herumfahren, erkunden Land, Vorstädte und Zentren aber auch zu Fuß, mit Themen und Fragestellungen im Kopf, doch bereit, alles offen aufzunehmen. Mau ist dabei diejenige, die vom richtigen Moment abhängig ist, deren Arbeit in der Auswahl des Objektivs besteht, darin, bestimmte Lichtverhältnisse zu nutzen, und die erst später zu Hause erkennen kann, was aus dem Material geworden ist, wie es sich ordnen lässt. Fichte kann den Moment erfahren und auf sich wirken lassen und abends im Hotel darüber schreiben.

Entscheidend werden die Reisen nach Haiti. 1972 fahren die beiden Künstler im Juli dahin und bleiben bis zum Februar 1973. Dokumentiert wird die Reise in der Zeitschrift »Stern«, Nummer 6, 1974. Auf fünf Doppelseiten sind Fotografien abgebildet und auf der sechsten der Text Fichtes, der sich nicht auf die Fotos direkt bezieht, sondern, wie diese, die Eigenständigkeit eines Werkblocks behauptet. Das letzte Mal reisen sie 1978 auf die Insel und verbinden diese Reise mit einem Aufenthalt in New York, wo gerade im Brooklyn-Museum eine Ausstellung über die Kunst Haitis gezeigt wird.

Das Phänomen der Trance beschäftigt Fichte, er wehrt sich, darin eine Form von Geisteskrankheit zu sehen, sondern sieht sie als Therapie an. Pflanzen, die Rauschzustände und Bewusstseinsveränderungen verursachen, sind in der Ethnologie, aber auch in Gesellschaft und Jugendkultur eines der großen Modethemen der Zeit nach der Studentenrevolte. Carlos Castaneda geht zum indianischen Zauberer Don Juan Matus in die Lehre, Timothy Leary macht LSD-Experimente, Fichte freundet sich mit Voodoo-Priestern an.

Erst die Zusammenarbeit von Mau und Fichte wird zum Motor, Fotos und Texte auch zu veröffentlichen. In einem Interview behauptet Fichte:»Ich weiß gar nicht, ob ich diese Bücher veröffentlicht hätte, wenn ich nur für mich arbeiten würde.« Ohne Leonore Mau hätte Fichte vieles nicht gesehen, nicht erlebt, nicht veröffentlicht. Gilt das auch für Mau? Was die Reiseerfahrungen betrifft, bestimmt, aber Fotoausstellungen hätte es sicher auch so gegeben. Jedoch wären vielleicht ohne Fichte keine Bücher daraus entstanden. So aber gibt es außer Zeitschriftenarbeiten unter anderem das Doppel-Buch-Paar»Xango« und»Petersilie«, die jeweils als Fotoband und Textbuch erschienen.

Ohne ihr»Blutbad«-Foto aus Bahia, das die Initiation eines jungen Mannes zeigt, über dessen Kopf ein Huhn geschlachtet wird, ein Foto, das bei allen heftige Reaktionen hervorrief – selbst der Fotografin wurde schlecht –, hätten sich andere Voodoo-Gemeinden ihnen nicht so leicht geöffnet. Die weitere Forschung»wurde durch dies Foto überhaupt erst möglich«, schreibt Fichte im Buch»Forschungsbericht«.

Leonore Mau »begegnet« den Akteuren auf ihren Fotos viel direkter als der Zuschauer Fichte, sie ist es, die durch das Objektiv den Blickkontakt aufrechterhält. Sie selbst setzt sich unterschiedlichen Blicken aus, kann auch die Abwehr in den Augen zeigen – und ertragen. Denn so nah sie ihren Akteuren kommt, sie bleibt doch immer auf der anderen Seite der

Kamera. Auch wenn sie Partei für die abgebildeten Menschen und ihr Elend oder ihre Besessenheit ergreift, sie, die weiße Europäerin, fährt nach den Aufnahmen doch wieder fort. Und die Fotografierten selbst können noch nicht wissen, wie sie auf dem Foto erscheinen werden.

Fichte schildert in »Xango«, wie Leonore Mau durch ihr Eau de Cologne Aufsehen erregt, sogar gebeten wird, damit Kopfschmerzen zu heilen. Sie, noch mehr als er, bleibt die Fremde, schon durch ihr Geschlecht von den Soldaten im Militärbus, der oft ihr einziges Verkehrsmittel ist, getrennt. Manchmal wird ihr verboten zu fotografieren, wie bei Voodoo-Zeremonien, an denen bekannte Politiker teilnehmen. Diese Beschränkung kennt Hubert Fichte nicht.

Bei ihrem Aufenthalt in New York, nach der Haiti-Reise 1978, will Fichte die Kultur der Schwarzen erfassen. Hier, wo diese sich mitten in der Großstadt ihre afrikanischen Wurzeln bewahrt hat, könnte sie auch von ihrer rettenden Kraft zeugen. Beider Plan war, New York über einen langen Zeitraum mit unterschiedlichen afrikanischen Ländern zu vergleichen und kulturelle Abhängigkeiten aufzuzeigen.

New York aber ist eine Stadt, die mit Grenzen konfrontiert. Zunächst kommt es wieder zu einer Ménage à trois, als Fichte den schwarzen Künstler Michael Chisholm kennenlernt. Diesmal sollte er sich sogar entscheiden, denn die Leidenschaft für den Mann, die sich zur Liebe entwickelt, verletzt »Irma«. Chisholm ist »Jäckis« Traumtyp, aber im Roman »Explosion« schreibt er, dass er nicht sicher ist, ob er nicht doch – wäre es zur Entscheidung gekommen – die »sächsische, jüdisch-französische Irma mit dem weichen Bauch, dem Baumhexenlächeln, ihrer Bockigkeit und ihren sanften Schiefheiten im Gang und in den Fotokompositionen« gewählt hätte. Nachmittags Chisholm, abends Irma, das entspricht zwar seinem bisexuellen Ideal, ist aber auf die Dauer doch nicht haltbar. Als sich herausstellte, dass Chisholms Tochter, die in Fichtes Projekt der Kulturenvermischung eine Schlüsselrolle spielen sollte, nicht die »archaische Prinzessin« ist, die die Verbindung der Kontinente durch Rückführung in den Ritus leisten kann, erlahmt sein Interesse am New-York-Projekt. Das junge Mädchen ist bei einer Konfrontation mit Voodoo-Priesterinnen in Südamerika eher befremdet und keinesfalls gewillt, sich mit deren primitiven Verhältnissen abzugeben.

New York wird für Fichte noch einmal der Beweis für die Überlegenheit der Fotografie. Mau gelingt, was Fichte immer erstrebte. Sie wird anerkannt, geliebt, ihre Bilder eröffnen durch Ausstellungen den Zugang zu den Schwarzen direkter, als der Schriftsteller es je könnte. Leonore Mau »wird schwarz«, wie Fichte es ebenfalls in seinen Kontakten mit Schwarzen ersehnt, sie wird durch die intensive Reaktion auf ihre Fotos in die Kultur der Afroamerikaner aufgenommen. »Einen solchen Erfolg hat ein Schriftsteller nie. Ich hatte immer gehofft, dass mich die Afrikaner einmal mit solcher Begeisterung lesen würden.« So blieb Leonore Maus Fotografie im Austausch der Medien überlegen.

Als 2005 zum siebzigsten Geburtstag Fichtes eine Doppel-Ausstellung an ihn und Leonore Mau erinnert, sind ihre intimen Porträts von Fichtes Schriftstellerkollegen und ihre großformatigen Bilder von blutigen Ritualen, Märkten oder psychisch Kranken mit bestürzender Intensität präsent.

Dorothee Sölle

DOROTHEE SÖLLE
(1929 – 2003)

Bei meinem ersten telefonischen Kontakt mit Dorothee Sölle ein Jahr vor ihrem Tod erklärte sie mir, dass sie in Hamburg gar nicht verwurzelt sei. Keine »Geborene«. Und das sagte eine, die seit 1977, also fast dreißig Jahre dort ihren Wohnsitz hatte. Dorothee Sölle, die in der ganzen Welt herumreiste und an vielen Orten arbeitete, hatte doch ihre Familie in Hamburg. Hamburg war der Ort, an den sie gern zurückkehrte, wo in Othmarschen ein ruhiges Haus mit Garten auf sie wartete. Bis zuletzt fuhr die übersiebzigjährige kleine Dame mit dem nervösen Augenzwinkern gern zu Vorträgen, plante neue Publikationen und Reisen zu Familie und Freunden, die zum Teil in Übersee lebten.

Sie war eine der ersten Theologinnen der Gegenwart, die in Deutschland über die Grenzen ihres Fachgebietes hinaus bekannt wurde. Und das, ohne jemals in diesem Land eine ordentliche Professur bekommen zu haben, ohne im Pfarrdienst zu stehen und somit ohne die Chance, vielleicht eine der ersten Bischöfinnen zu werden, die in Norddeutschland die lutherische Kirche vertreten. Die akademischen Strukturen haben dies verhindert, denn sie hat zwar Theologie studiert, den für eine Professur üblichen Weg aber nicht eingehalten. Bei ihrem ersten Habilitationsversuch wurde sie sogar abgelehnt. Aber ganz unabhängig von akademischen Weihen war sie eine der zentralen Integrationsfiguren für politisch und feministisch Engagierte bei

Kirchentagen und Diskussionsforen von den sechziger Jahren bis zum Anfang des neuen Jahrtausends. Dorothee Sölle wurde 1929 in Köln geboren, stammt aus dem Bildungsbürgertum und genoss eine »kirchenferne« Erziehung. Ihr Vater war ein hoch gebildeter liberaler Jurist, »Vierteljude«, was in der Familie ein Tabu war. Wichtig war nicht, ob man zur Kirche ging, sondern dass man den Nationalsozialismus ablehnte. Auschwitz und die Folgen wurde für das Denken und Fühlen Dorothee Sölles bestimmend. Sie wuchs in Köln auf und studierte unter anderem in Göttingen. Erst seit der Professur, die ihr zweiter Mann 1975 in Hamburg erhielt, ist sie Wahlhamburgerin. Sie selbst lehrte von 1975 bis 1987 als Professorin in New York und kam immer wieder nach Hamburg, um das halbe Jahr mit ihrer Familie in der Stadt zu leben. 1981 erhielt sie das Stipendium des Lessing-Preises der Stadt Hamburg. Und 1994 wurde sie Ehrenprofessorin der Universität Hamburg, eine Auszeichnung, die sie sich vielleicht anders, auf regulärerem Weg, gewünscht hätte.

Es fällt auf, dass sie sich in ihren Schriften oft Gedanken darüber macht, warum es ihr niemals gelang, in Deutschland auf einen ordentlichen Lehrstuhl berufen zu werden. Die Antwort gab sie selbst: »Links und eine Frau, das geht zu weit.« Frauen ihres Jahrgangs sind noch keineswegs so selbstverständlich Pfarrerinnen geworden wie junge Frauen heute. Bischöfinnen waren undenkbar. In den fünfziger Jahren konnten die Frauen froh sein, an den Universitäten und besonders den theologischen Fakultäten geduldet zu werden. Außerdem hatte Dorothee Sölle nicht den üblichen theologischen Studienweg beschritten. Sie wurde nach dem Staatsexamen 1954 für sechs Jahre Deutsch- und Religionslehrerin in Köln-Mühlheim. Brotarbeiten, um ihren

Mann, der freiberuflicher Maler war, und ihre drei Kinder zu ernähren. Gleichzeitig betrieb sie weiter theologische und literaturwissenschaftliche Studien und arbeitete an verschiedenen Universitäten. 1971 habilitierte sie an der Philosophischen Fakultät in Köln, schaffte es jedoch, wie erwähnt, erst im zweiten Anlauf. In ihren Erinnerungen »Gegenwind« schreibt sie: »Ich habe studiert, promoviert, wollte immer etwas mit der Sprache machen, also schreiben, öffentlich reden, lehren, predigen, Menschen überzeugen.« Das aber konnte sie damals nur leisten, weil andere Frauen sie in ihrer Erziehungsarbeit unterstützten: Mutter und Schwiegermutter.

Als sie 1975 die Stelle als Professorin für Systematische Theologie in New York am liberalen Union Theological Seminary antritt – ein für den emigrierten Paul Tillich 1938 eingerichteter Lehrstuhl –, wird sie immer wieder gefragt, warum ihr diese Karriere in Deutschland versagt blieb. In einem Radiogespräch von 1986 macht sie dafür, außer ihrer Entscheidung für Familie und Kinder, auch ihre Art des Schreibens verantwortlich, die nicht unbedingt wissenschaftlich ist: »Das ist natürlich auch die andere Art des Schreibens, die ich suchte. Ich will nicht ein Buch durch unnötig viele Fußnoten belasten, ich will nicht mein Wissen dokumentieren, sondern meinen Denkprozess.« Die Enttäuschung, in Deutschland keine ordentliche Professur bekommen zu haben, bleibt eine Kränkung für sie, sie muss darüber sprechen, jedes Mal, wenn sie in Gesprächen danach gefragt wird, jedes Mal, wenn sie einen Erfolg an den Universitäten und bei den christlichen Befreiungsbewegungen in der Neuen Welt feiern darf. Ein Prophet gilt nichts im eigenen Land, dieses Wort gilt auch für sie.

Nach ihrer Scheidung 1964 begegnete sie dem für ihr weiteres Leben entscheidenden Benediktinerpater Fulbert Steffensky, ihrem späteren Mann. 1968 begannen fast gleichzeitig mit der Studentenrevolte an den deutschen Universitäten die von beiden initiierten »Politischen Nachtgebete«, zunächst auf dem Katholikentag in Essen, später in Köln. Einer größeren Öffentlichkeit in Deutschland war sie damit bekannt, fast eine Berühmtheit geworden. Christin und Marxistin zugleich, so bezeichnet sie sich. Man fragt sie: Bist du Marxistin? Ihre Gegenfrage lautet: Putzt du dir die Zähne? Für sie ist eine Verbindung von Christentum und Marxismus in den siebziger, achtziger Jahren selbstverständlich. In der Kirche Lateinamerikas gibt es eine liturgische Feier, in der erst die Namen moderner politischer Märtyrer genannt werden und dann die Anwesenheit festgestellt wird: »Presente«. Sie würde mühelos den Namen von Karl Marx anfügen und ebenso »Presente« sagen. In einem Gespräch mit Günter Gaus erklärt sie, dass wirklicher Atheismus für sie der Glaube an die Nicht-Veränderbarkeit der Menschen ist. Eine »Bekehrung«, eine Umkehr, eine Veränderung ist möglich, so klingt es beschwörend durch alle Bücher von Dorothee Sölle.

Erst nach dem Mauerfall 1989 muss sie wie alle ihr Bild vom Marxismus revidieren. Dem Begriff »demokratischer Kapitalismus« wich sie aus, schreibt sie, musste ihn aber dann doch in ihr Denksystem aufnehmen. Mit ihrem sicheren Sinn für Schlagworte spricht sie lieber vom »Endsieg des Kapitalismus«. Der Zwangsapparat in der DDR wurde ihrer Meinung nach nicht nur durch den Kapitalismus, sondern auch durch die Demokratie besiegt: Sie versteht, dass nicht nur Bananen, Italienreisen, freies Unternehmertum, sondern auch Pressefreiheit und Respekt vor den Menschenrechten gewählt wurden. Dies ist der Zeitpunkt, an dem Dorothee Sölle feststellt, dass Abrüstung, gerechte Löhne und Freiheit wichtige Forderungen bleiben, dadurch aber die Leiderfahrungen der Menschen keineswegs weniger werden. Hat sich ihr politisches Weltbild verändert, seit der Kapitalismus dazu beigetragen hat, totalitäre Systeme zu stürzen? Jahrelang hat sie schließlich geglaubt, ein Staatssozialismus könne Hoffnung für entrechtete Völker sein. Nein, Sölle blieb engagiert, blieb sich treu als »Predigerin«, sie war überzeugt, dass hemmungsloser Kapitalismus eine Gefahr für alle bedeutet. Der Traum von einer gerechten Welt ist nie ausgeträumt – auch wenn sich die Theologin, ohne das politische Engagement aufzugeben, in ihren letzten Jahren neuen, fachlichen Aufgaben widmet: Sie schreibt über Jesus und Mystiker, über Menschen, die das Göttliche in sich leuchten lassen und dadurch zu Revolutionären werden. Die neue Zeit wird auch die Rolle der Kirchen verändern, so Sölles Utopie, die 1991 von einer Kirche im Jahre 2000 träumt, in der so etwas wie Basisdemokratie verwirklicht wird. Diese Träume sind bevölkert von spirituell orientierten Frauen, die alles andere als »Konsumis« sind, sondern aktiv für ihre Mitmenschen und Umwelt eintreten. Die Bischöfinnen fahren Intercity und nicht im Mercedes mit Chauffeur. Keine Autoritäts- und Machtallüren. Kein Elitedenken. Eben ein Traum.

Aus der Zeit ihres Engagements für die unterdrückten Völker Lateinamerikas weiß Sölle, dass es auch einen anderen Menschentyp gibt: Sadisten, Folterer, Machtmenschen, kleine Chefs, die nach oben buckeln und nach unten treten und die nicht einfach verschwinden. Die alle Träume immer wieder zunichte machen. Dorothee Sölle hat viele Jahre einen verzweifelten Mut aufgebracht, sich mit den menschlichen Schattenseiten zu beschäftigen. »Leiden« heißt eines ihrer Hauptwerke, Christus, der Leidende, ist es, der in uns ist und mit uns fühlt, wenn wir leiden. Egal ob es um Frauen geht, die unter einer patriarchal geprägten Kirche leiden, um die Sorge für Kriegsopfer oder in totalitären Regimen Verfolgte, um Engagierte bei »amnesty international«, in Friedensbewegungen oder ökologischen Gruppen, Dorothee Sölle ist immer auf der Seite derer, die Recht einfordern, nie derer, die glauben, Recht zu haben. 1997 erschien ihr Buch »Mystik und Widerstand«. In diesem »und« liegt ihr Lebensprogramm, sie ist offen für mystische Erfahrungen und sieht die Mystiker immer auch in einem Widerstand zur Welt begriffen. Zu Beginn des Buches schildert sie ein Gespräch mit ihrem Mann Fulbert Steffensky, Professor für Religionspädagogik, der zum Protestantismus konvertierte und dem das Buch gewidmet ist. Er war immer wichtigster Gesprächspartner und zugleich Gegenpart, an dem sie sich maß, der ihr Denken weitertrieb und wieder in der Realität zurechtrückte. Seiner Zurückhaltung gegenüber einer »Mystikgier« der heutigen Zeit muss sie sich stellen. Er spricht lieber von »Spiritualität«, die im Alltag verankert ist. Hier setzt Dorothee Sölle an: Sie will die Einmaligkeit mystischer Erfahrung demokratisieren, wie sie schreibt. »Ohne Mystik könnte ich nicht leben« und: »Aus der Ökumene habe ich gelernt, dass das Bekenntnis zum Gott des Lebens immer den Widerstand gegen die Mächte des Todes einschließt.« Konsequent geht sie ihren Weg von der widerständigen Theologin zur Mystikerin.

Kaum jemand ist so geeignet wie sie, Bücher zu schreiben, die niemandem verpflichtet sind, nicht der Institution Kirche, da sie dort keine offizielle Stellung innehat, nicht der Theologie, da sie auch hier frei schwebend wirkt, und nicht ihrem Ehemann und Lebenspartner, der ihr unabhängiges Denken schätzt. »Companiero« nennt sie ihn zärtlich in einem ihm gewidmeten Gedicht. Ihr ist bewusst, welches Geschenk diese Partnerschaft für sie ist. In einem Interview bekennt sie, dass sie in ihrem Leben viel mit Eifersucht gekämpft hat, mit Verlustängsten, dass sie von Natur aus aggressiv ist, fähig zum Hass, zum Ekel, zur Verachtung. Wenn man etwas von ihr lernen kann, dann bestimmt Ehrlichkeit sich selbst gegenüber. Dorothee Sölle war eine Frau, die ohne aufzutrumpfen kämpferisch für das eintrat, wovon sie überzeugt war, auch menschlich. Sie war ein anteilnehmender Mensch, der sich um seine Mitmenschen sorgte und auch Wut aushalten konnte. »Mir imponierte die Bescheidenheit mit der uns die berühmte Theologin gastlich bediente, als unsere Friedensgruppe sich bei ihr traf«, berichtet eine frühere Mitstreiterin und hütet noch heute einen Brief, den sie in schwieriger Lebenssituation von Dorothee Sölle erhielt. Schwierige Situationen durchstehen, Streit konstruktiv erleben und wenden. Eine Fähigkeit, die sich immer wieder von Neuem beweisen muss.

»Was wärst zum Beispiel du, Dorothee, ohne meine Bedächtigkeit, was wäre meine Bedächtigkeit ohne deinen Pfeffer? In der eher kleinbürgerlichen Umgebung, aus der ich stamme, hat man übrigens nicht gestritten«, sagt ihr Mann Fulbert Steffensky in einem gemeinsamen Interview. Und: »Während deine Familie immer sehr lustig gestritten hat. Selbst bei Beerdigungen gab es Streit. Das geht. Streiten heißt doch: Auseinander sein, um wieder zusammenzukommen.« Auch über das ewige Leben, eine Domäne der Theologen, haben die beiden Eheleute unterschiedliche Vorstellungen. »Ich glaube ja an das ewige Leben. Es geht weiter. Ich bin dann ein Tropfen in diesem Meer ...«, sagt Sölle im Interview mit dem Deutschen Allgemeinen Sonntagsblatt 1998, in dem es um Glücksvorstellungen geht. Steffensky antwortet ihr: »Auch ich muss nicht wissen, was mit mir passiert. Aber ich kann wissen, dass ich nicht in eisige Abgründe stürze, sondern in der Hand Gottes bleibe.« Dorothee Sölle: »Aber warum opponierst du gegen das Bild des Meeres? Ich bin darin nicht verloren, ich habe Anteil am Ganzen.«

Eine der Methoden Dorothee Sölles ist die Übertragung in die Gegenwart. Sie aktualisiert die Geschichten der Bibel, indem sie von damaligen Zuständen auf heutige schließt. Manchmal sind es auch geschichtliche Anspielungen, vor allem auf die Zeit des Nationalsozialismus, mit denen Sölle nicht nur Wohlgefallen auslöst. »Diesmal soll keiner sagen, er habe es nicht gewusst«, diesen Satz bezog sie nicht nur auf Auschwitz, von der die Elterngeneration behauptet hat nichts zu wissen, sondern auch auf die Stationierung von Atomwaffen oder ökologische Katastrophen wie die Klimaveränderung. Wie einer der alten Propheten macht sie auf Missstände aufmerksam, rüttelt am Gewissen ihrer Zuhörer und Leser und riskiert es, für naiv gehalten zu werden, nicht im intellektuellen Sinn, sondern in ihrem positiven Menschenbild, das sie trotz allem verteidigt. Kirchliche Kreise haben manchmal Schwierigkeiten mit ihren religiösen Interpretationen, die gelegentlich nicht weit von New-Age-Positionen entfernt zu sein scheinen. Sie preist die Schönheit der Schöpfung und stellt fest: »Der Pantheismus ist nicht eine gefährliche Pseudoreligion, sondern Ausdruck unseres Bezogenseins auf Gott.« »Atheistisch an Gott glauben« heißt eines ihrer Bücher.

Heinrich Böll war ein enger Freund. Gemeinsam mit ihm engagiert sie sich. Wegen der Sitzblockade gegen die Pershing II in Mutlangen wird sie sogar zu zehn Tagen Haft oder 2000 Mark verurteilt.

Dorothee Sölle dachte und fühlte öffentlich. »Ich möchte versuchen, mich so sehr wie möglich mitzuteilen. Das ist auch eine Form der Hingabe. Ich will nicht irgendetwas von mir zurückbehalten, was meinen Privatbereich betrifft. Ich kann das ekelhafte Wort ›Intimbereich‹ nicht leiden. Wenn ich nicht teilen kann, was ich bin, dann ist auch das Teilen von anderen Dingen nicht das wirkliche Teilen, nicht die wirkliche Hingabe ... Jemanden zu lieben ... ist ein pausenloser Vorgang der Abrüstung.«

Erst durch die Begegnung mit amerikanischen Feministinnen beschäftigt sie sich bewusst mit der feministischen Theologie, gemeinsam mit ihrer Freundin, der Theologieprofessorin Luise Schottroff, die sie schon kennt, seit sie beide im Schüler- und Freundeskreis von Rudolf Bultmann studierten. In »Gegenwind« schreibt sie: »Es dauerte eine Zeit und bedurfte vieler Schwestern, ehe wir den Sexismus als einen – oder den – Knackpunkt für die falsche Theologie, die falsche Universitätsstruktur, die falsche Einteilung des Lebens erkannten.« Natürlich stiegen viele, besonders Männer bei solchen Worten auf die Barrikaden. Von allen in diesem Buch vorgestellten Frauen wäre sie als einzige einverstanden, eine »Feministin« genannt zu werden.

Sölle hat mehrere Gedichtbände veröffentlicht. In ihren Gedichten spricht sie recht unverschlüsselt von Leiden, Freuden und politischen Zuständen, es sind Anreden, Aufschreie, Anklagen, Bitten und Gebete. In New York führt sie Tagebuch, äußert sich darin auch über eine Krise ihres lyrischen Schreibens, fühlt ein politisches »burn out«, glaubt, die Form des Gedichts, die sie schreibt, »reicht nicht mehr zu«, sie will sich nicht wiederholen. Gedichte sind zu sehr Momentaufnahmen. In einem Gespräch mit ihrem Gedichtverleger Wolfgang Fietkau sagt sie: »Ich schreibe erst ein Gedicht, und dann denke ich: Ach, das müsste man vielleicht noch mal in Prosa Schritt für Schritt entwickeln. Der Kern ist eigentlich sehr stark im Gedicht, und die Auseinandersetzungen erfolgen mehr in der Prosa.« Zum Beispiel geht es ihr im New Yorker Tagebuch darum, »das Graue, Armselige« auszuhalten. Positive Äußerungen macht sie lieber in der Sprache des Gedichts. »Loben ohne zu lügen«, heißt ihr letzter Gedichtband. Ihr ist der von Martin Buber geprägte Begriff der »Theopoesie« wichtiger als alle Theologie. Oft flicht sie kleine Gedichte in ihre theologischen Texte ein. In ihrer an Bertolt Brecht orientierten Form des Lehrgedichts glaubt sie, deutlicher zu sein. Gedichte schreiben, beten und hoffen, dass die Bitten gehört werden. Poetisch ist sie auch in ihren religiösen Deutungen. Für sie ist der Zweifel »ein dunkler Bruder des Glaubens. Man kann nicht wirklich glauben, wenn man nicht zweifelt.« Die Bibel ist für sie voller Geschichten des Widerstands, »voll von Geschichten von der Stärke der Schwachen«. Christ sein heißt für sie: »im Widerstand leben gegen die herrschende Kultur«.

73 Jahre alt wurde Dorothee Sölle. Die kleine Frau, die ihr Leben lang gern »flink« gewesen ist, musste sich allmählich an mehr Langsamkeit gewöhnen. Nach der »Mystik des Widerstandes« wollte sie noch eine »Mystik des Todes« schreiben. Für sie bedeutete der Tod ein Verlöschen der Individualität in einem großen Meer göttlicher Einheit, eine eher buddhistische Vorstellung vom Tod. Die Idee einer individuellen »Auferstehung des Fleisches« war ihr fremd. Auch hier ging sie eigene Wege, auch hier »demokratisierte« sie, und hier werden ihr vielleicht mehr Christen folgen als bei anderen politischen Positionen, die sie vertrat.

Die Familie war ihr zentraler Bezugspunkt, zuletzt besonders die Enkel. Ihrer Tochter, die lange unter Epilepsie litt und in Bethel lebt, geht es besser. Damit wurde einer der großen Wünsche, die sie im Leben hatte, erhört. Auch die Bedrohung durch Atomwaffen war zuletzt nicht mehr so unmittelbar, und der Wunsch, nicht alt und hinfällig zu sterben, den sie mit fast allen Menschen teilt, auch der erfüllte sich. Voller Dankbarkeit erlebte sie auch Versöhnungen, war froh, dass zu ihrem ersten

Ehemann und dessen jetziger Familie gute Kontakte bestanden. Nur ihr Wunsch nach einem Domizil im Süden hat sich nicht verwirklicht.

Das Leben Dorothee Sölles ging plötzlich zu Ende, ohne Vorankündigung. Ein Segen für die Betroffene, ein unerwarteter Schmerz für die Hinterbliebenen. Am Abend des 26. April 2003 hatte sie in Bad Boll noch einen Vortrag gehalten. Am frühen Morgen des 27. starb sie, mitten aus der Arbeit herausgerissen.

Angelika Jahr

ANGELIKA JAHR
(geb. 1941)

Eine schlanke blonde Frau mit gut geschnittenem, verwuscheltem Haar läuft den Gang zu ihrem Büro hinunter, grüßt hier und da, gibt schnell ihre Meinung ab und führt in einen großen Raum mit Bullauge, das den Blick auf den Hamburger Michel freigibt. Das Büro Angelika Jahrs schmücken neben Designer-Stühlen – Klassiker der Moderne sind ihre besonderen Lieblinge – aktuelle Fotos ihrer Kinder und eine Papp-Silhouette ihres Hundes, eines 10 Jahre alten Mischlings.

Die unmittelbare, häusliche Lebenswelt ist es, die Angelika Jahr am meisten interessiert: Wohnung, Garten, Haustiere und der Genuss beim Essen. Also traditionell weibliche Bereiche. Jedoch statt selbst wie jede Hausfrau in der Küche zu brutzeln, ihre Pflanzen zu gießen oder den Staubsauger durch das Haus zu dirigieren – alles das besorgen Angestellte –, residiert sie in der Chefetage eines der größten Verlagshäuser Europas und bestimmt als Herausgeberin und neuerdings Aufsichtsrätin über Mitarbeiter, Inhalte und Marktanteile.

So stellt es sich dar, wenn man die Zeitschriften, die sie konzipiert und auf den Markt gebracht hat, vor sich ausgebreitet sieht. Da ist vor allem die erste, 1972 von ihr selbst als Chefredakteurin und Herausgeberin verantwortete »Essen und Trinken« mit neueren Ablegern wie »Essen und Trinken für jeden Tag« oder »Viva!«, die sich den gesunden Genüssen widmet. Damals bei der

169

Gründung in den siebziger Jahren ein Novum auf dem Zeitschriftenmarkt, von allen Profis mit Skepsis betrachtet. Aber ein unvermuteter und dauerhafter Erfolg. Die Zeitschrift »Schöner Wohnen«, die Angelika Jahr lange als Chefredakteurin betreute, dazu die Nachfolger »Living at Home«, »Häuser« und »Flora Garten«. Und seit neuestem »Dogs«, ebenfalls eine originelle Magazinidee.

Angelika Jahr ist im Milieu der Medienmacht aufgewachsen. Über die Rolle der Medien wird in unserer Gesellschaft viel diskutiert, kritisiert und gerätselt. Es scheint, als ob die Flut der Hochglanzmagazine mehr Macht, mehr Einfluss auf die alltägliche Lebensgestaltung und das Kaufverhalten hat als Tageszeitungen, die in ihrem Politikteil den Lesern vor allem Ohnmacht, Wut und eigene Hilflosigkeit vermitteln. Das Gefühl, nichts machen zu können gegen die Missstände dieser Welt, deprimiert zutiefst. Aber Journale über Essen, Genüsse aller Art, Kosmetik und Mode, Reisen und Einrichtungsgegenstände haben unmittelbar Auswirkungen auf den Konsum der Leser, auch wenn die Magazine Luxusvarianten zeigen, die dem Normalverbraucher nur begrenzt zugänglich sind.

Je nach Lesertyp kann ein solches Magazin den Wunsch nach mehr und Erfüllung der Träume entwickeln.

Über das Thema Macht hat Angelika Jahr sich selbst 2005 in einem Beitrag zu dem Buch »Frauen an der Macht« geäußert. Die Fernsehjournalistin Maybrit Illner gibt darin überwiegend Politikerinnen wie Angela Merkel, Renate Künast und Ursula von der Leyen Raum, sich darüber zu äußern. Auch Angelika Jahr. »Der Marterpfahl. Vom spielerischen Umgang mit der Macht« nennt sie ihren Artikel. Darin schildert sie das Indianerspiel mit ihren Brüdern, gibt ein wenig aus der Privatsphäre ihrer Kindheit preis. Wie sie es lernte, sich als jüngstes Kind und einziges Mädchen gegen drei ältere Brüder zu wehren. Da gibt es nur zwei Möglichkeiten: entweder untergebuttert zu werden oder das Machtkarussell selbst zu bedienen. Beim Indianerspiel entdeckte sie sich selbst als mindestens so kriegerisch wie ihre älteren Brüder. Es war nicht immer nur sie, die an den Marterpfahl gefesselt wurde, auch die anderen kamen mal dran. Und das kleine Mädchen drehte ebenso mit martialischem Geheul Kreise um das Opfer und drohte mit dem Tomahawk. »Drei Brüder machen stark, nicht schwach.«

»Macht ist das Wissen, in allen Entscheidungen die letzte Instanz zu sein«, sagt sie in einem Interview. Die bessere Position des Machthabenden wurde ihr durch den dominanten Vater vorgelebt, der ihr aber gleichzeitig alle Möglichkeiten bot, ihre Fähigkeiten zu entwickeln. Ihm wollte sie immer beweisen, dass sie nicht von ihm abhängig ist, dass sie ebenso gut wie er ihren eigenen Weg gehen kann. Dieses prägende, starke Vaterbild begleitete sie durch ihr ganzes bisheriges Leben. Frauen, die Väter haben, die ihnen positiv gegenüberstehen, haben sicherlich mehr Kraft im Leben. Es ist eine ganz andere Art der Ermutigung als die, die sie durch die Mutter erfahren kann, auch wenn sie eine ebenso wichtige Vorbildfunktion inne hat.

Sie wurde 1941 in Berlin geboren. Die ersten Jahre verbrachte sie auf Sylt, wohin der Vater seine Familie schickte, um sie vor den Bombardements auf Berlin zu schützen. Sylt wurde nie angegriffen, obwohl »Seekühe«, hohe Eisen- und Betonkonstruktionen im Watt, englische Bomber anlocken konnten und obwohl in den Dünen Bunker standen, die zum Teil noch aus dem Ersten Weltkrieg stammten. Sylt, wo sie heute ein Haus besitzt, blieb Heimat für Angelika Jahr. Ihr liebster Platz ist die Badewanne mit Blick auf das Wattenmeer.

1947 holte der Vater, geborener Hamburger, die Familie nach Hamburg. Dort hatte der findige Zeitungsmann, Sport-journalist, Verleger und erfolgreiche Anzeigenakquisiteur den Grund für seine steile Karriere gelegt: Gemeinsam mit seinem Freund Axel Springer erhielt er eine Lizenz der britischen Militärbehörde für eine Zeitschrift namens »Constanze«. Der Rest ist Verlagsgeschichte. Zwar dividierten sich Axel Springer und John Jahr 1960 auseinander, aber mit der Frauenzeitschrift »Brigitte«, die 1957 dazu kam, mit Anteilen am »Spiegel«, die John Jahr später wieder abstieß – ein Fehler, wie er immer wieder bedauerte –, begann dennoch eine Erfolgsgeschichte, die 1965 mit der Gründung des Verlages Gruner + Jahr einen Höhepunkt erreichte. Nicht im Firmentitel des neuen Verlages steht Gerd Bucerius, der auch zu den Gründern gehörte, der mit »Zeit« und »Stern« die Presse der Bundesrepublik Deutschland entscheidend prägte. Und ein Gegengewicht zu der überwältigenden Präsenz des Springer-Konzerns bildete.

Zu der Zeit war Angelika Jahr bereits Studentin, dann Volontärin und Journalistin. Ihr Studium der Psychologie gab sie schnell auf, vor allem die Mitstudenten waren ihr suspekt. Es schien ihnen das zu fehlen, was sie »gesunden Menschenverstand« nannte und hoch schätzte, insofern entsprach ihre Meinung dem allgemeinen Vorurteil, gegen das Psychologen ankämpfen müssen. In der Psychologie beschäftigt man sich mit dem, was nicht reibungslos funktioniert, das entspricht nicht dem Wunsch der jungen Frau nach Perfektion. Im Volontariat bei der »Welt« fühlte sie sich besser aufgehoben, dann folgte der Sprung über den Ozean nach New York, wo sie bei »Glamour«, »Vogue« und dem »Time Magazine« arbeitete.

172

Nach ihrer Rückkehr nach Deutschland 1969 begann ihre Karriere bei Gruner + Jahr, immer im Bestreben, dem Vater zu beweisen, dass sie es selbstständig zu etwas bringen würde. Wie ihr großes Vorbild vom »Stern«, der Chefredakteur Henri Nannen. Wie er trifft sie Entscheidungen aus dem Bauch heraus und hat dabei fast immer das richtige Gespür. Zunächst als stellvertretende Chefredakteurin bei »Schöner Wohnen«, eine Zeitschrift, für die sie erfolgreich bis zum Ende ihrer journalistischen Tätigkeit arbeitete, seit 1988 als Chefredakteurin. Ihren eigenen Wohnstil, ein heller Mix aus modernen Möbeln, Klassikern und Antiquitäten, sieht sie als Geschmacksprobe. Natürlich weiß sie, dass die meisten ihrer Leser sich die Möbel, die beispielhaft gezeigt werden, nicht leisten können, aber sie dürfen träumen.

Doch sie wollte mehr, sie wollte eigene Zeitschriftenideen entwickeln und so kreierte sie 1972, wie schon erwähnt, »Essen & Trinken«, die erste dieser Art auf dem deutschen Zeitschriftenmarkt. Alle waren skeptisch, auch der große Blattmacher Henri Nannen, aber sie glaubte an den Erfolg und behielt Recht. Zwischenzeitlich brachte sie das Blatt auf eine Auflage von über 300 000 Stück.

Nach dem beruflichen Erfolg kam der private: Mit 35 Jahren heiratete »Hamburgs reichste Junggesellin«, wie die Bildzeitung titelte. Der Werbekaufmann Rudolf Stilcken ist 17 Jahre älter als sie, so darf man vermuten, dass noch eine Vaterfigur in ihrem Leben prägend gewesen ist. Beide Ehepartner sind arbeitsbesessen und führen eine Wochenendehe, die ihrem Verhältnis keineswegs schadet. Schnell kommen die Kinder Alexander und Anna, aber Angelika Jahr denkt nicht daran, deshalb die Arbeit aufzugeben. Den üblichen Mutterschutz von sechs bis acht Wochen nimmt sie in Anspruch, dann sitzt sie wieder am

Schreibtisch, sich gelassen über alle »Rabenmütter«-Vorwürfe hinwegsetzend. In der von ihr mitbegründeten Zeitschrift »Marie Claire« schreibt sie 1992 selbstbewusst handschriftlich über ihre Kolumne: »Ich bin eine Rabenmutter«, eine Aufforderung an andere Frauen, es ihr gleich zu tun. Ein Leben ohne Kinder kann sie sich nicht vorstellen, aber ein Leben ohne Beruf auch nicht. »Ich bin noch nie in meinem Leben auf die Idee gekommen, nicht zu arbeiten. Mein Vater war bis zu seinem 80. Geburtstag jeden Tag im Büro. Ich liebe die Herausforderung. Ich kämpfe gern. Das ist mein Wesen« (»Welt am Sonntag«, 10.3.2003). Dieses Wesen, zu dem ebenso notwendig Selbstständigkeit gehört, lässt sich nicht von außen steuern und schon gar nicht von der öffentlichen Meinung vorschreiben, wie eine Frau zu leben habe. Natürlich gibt sie zu, für diese Kombination die besten Bedingungen gehabt zu haben, Haushaltshilfen und eine Kinderfrau, die noch heute für sie arbeitet und fast zur Familie gehört. »Ich putze nicht, koche selten und habe auch keinen grünen Daumen – zu Hause bin ich faul!«, sagt sie im oben erwähnten Artikel. Das Kochen überlässt sie am Wochenende lieber ihrem Mann. Konzentriert arbeitet sie tagsüber und verbringt die Abende mit ihrer Familie, sich dessen bewusst, dass es nicht auf das Quantum an Zeit ankommt, das eine Mutter den Kindern widmet, sondern auf die Qualität des Zusammenseins. Auch im privaten Bereich scheinen sich ihre guten Führungsqualitäten zu beweisen. Die Kinder wachsen mit einer Mutter auf, die sie bei aller Geschäftigkeit immer erreichen können.

Angelika Jahr hat fast immer in der Gegend um die Alster gewohnt und auch lange dort gearbeitet, zunächst in Alsterdorf, wo sie aufwuchs, dann in der Redaktion am Alsterufer, bevor der Verlag an den Hafen zog. Auch privat baute sie ein Haus an der Alster nach ihren Vorstellungen. Der Sohn wurde Journalist, die Tochter Architektin und der Kinder wegen macht sich Angelika Jahr keine Sorgen um Alter und Alleinsein. Die Werte, die sie ihnen versucht hat zu vermitteln, sind Achtung vor dem anderen und Bescheidenheit. Auch Bodenständigkeit und Herzlichkeit gehören zu den Eigenschaften, die sie an sie weitergegeben hat.

Vielleicht ist sie sich der Herkunft ihres Vaters aus einfachen Verhältnissen bewusst, der aus eigener Kraft reich wurde, sich zum Verlagschef hocharbeitete und in bester Gesellschaft verkehrte.

Die Geschichte von Angelika Jahr ist auch die Geschichte von Gruner + Jahr, von Zeitschriften und Magazinen, die einige Entwicklungen in Deutschland begleitet und mitgeprägt haben.

Die Besitzverhältnisse im Verlagshaus wurden inzwischen verschoben, das meiste gehört zum Bertelsmann-Konzern, die Familie Jahr hält noch 25,1 Prozent und hat nicht mehr die alleinige Macht über Entscheidungen für die Zukunft. Sie legt aber Wert darauf, das Zünglein an der Waage zu bleiben, das alles verhindern kann, was nicht im Interesse der Familie liegt. »Verkauft wird nicht«, ist das bisher gültige Statement.

Eine neue Herausforderung für Angelika Jahr kam mit der Entwicklung der Neuen Medien. Die Auflagen der Zeitschriften entwickelten sich rückläufig, so musste vor allem ein jüngeres Publikum angesprochen werden, das sich mehr über das Internet informiert als über gedruckte Printmedien. Aber auch hier geht es ihr immer um »Qualitätsjournalismus«, um die von ihr vertretenen journalistischen Werte wie Inspiration, Exklusivität und inhaltliche Tiefe. Im Internet und ebenso auf den neu kreierten Messen sieht sie das wachsende Bedürfnis nach direkter Information und nach Austausch. So genannten »Gefällig-keitsjournalismus« und den »albernen Journalismus der Yellow Press« lehnt sie ab. Der Leser, auch der Internet-User, sollte ehrlich informiert und unterhalten werden – um nicht mehr und nicht weniger geht es. Auch wenn es sich um Lifestyle-Themen handelt.

2008 beginnt ein neues Leben für Angelika Jahr. Sie gibt ihre redaktionellen und herausgeberischen Tätigkeiten auf, macht Schluss mit dem operativen Geschäft und wechselt in den Auf-sichtsrat von Gruner + Jahr. Auch in anderen Aufsichtsräten wird sie noch arbeiten, wie bisher schon bei Nestlé. Bei Plan In-ternational, einer Organisation, die sich um Kinder der Dritten Welt kümmert, und im »Board of Governors« der Jacobs Univer-sity in Bremen. Sie schätzt, dann ein Viertel Arbeit weniger zu haben. Sie freut sich auch auf mehr Zeit zum Genießen, zum Reisen, besonders an den »Kultort« der Familie, Arosa in der Schweiz, wo sie immer noch wagemutig Abfahrtski fährt, freut sich auf Zeit für ihre Freundinnen, den Hund und nicht zuletzt die Familie. Nach wie vor wird sie wohl in der Frühe aus dem Haus gehen, aber nicht mehr täglich in das Gebäude am Hafen, in das Zimmer mit der Aussicht auf den Michel, mit den Desig-nerstühlen, auf denen sie ihre Gäste platziert, und den großen Fotos der jetzt schon erwachsenen Kinder an der Wand.

Die beeindruckende Menge an Interviews mit ihr unterstreicht noch ihren Status als Erfolgsfrau, der allerdings mit leiser Stim-me auch ein gewisser Dünkel nachgesagt wird.

Aber warum nicht? Grund dazu hat sie, man könnte auch ein anderes Wort dafür finden: berechtigten Stolz.

Carola Zehle

CAROLA ZEHLE
(geb. 1947)

Schlägt das Herz von Hamburg am Rödingsmarkt? Von der
oberen Etage des Carl-Tiedemann-Hauses sieht man die Spitze
des Rathauses hochragen, aber auch einen Ausschnitt des Hafens, wo der Ausflugs-Raddampfer »Mississippi« vor Anker liegt.
Containerschiffe, von Schleppern begleitet, tauchen auf und
ziehen vorbei, die Abendsonne glitzert auf der Elbe und geht
über modernen Bürogebäuden ebenso malerisch wie über den
altehrwürdigen Kontorhäusern unter.

Macht, Geld und ein Interesse für Psychologie sind auch der
Geschäftsführerin der Stauerei Carl Tiedemann, Carola Zehle,
nicht fremd. Sie, die von der Hamburger Presse »Hafenlöwin«
genannt wird, hätte sich durchaus vorstellen können, Psycho-
login zu sein.

Da sie nicht nur mit riesigen Geldsummen, Statistiken und
Risiken umgeht, sondern auch mit Menschen, in Vorstandseta-
gen ebenso wie im Hafen, mit Geschäftskollegen oder Mitarbeitern, ohne die nichts geht, kann sie ihre Neigung täglich zum
Einsatz bringen.

Hafenlöwin? Das suggeriert Gefährlichkeit. Bei aller Zier-
lichkeit und Eleganz der schlanken Frau im Kostüm und mit
Pumps an den Füßen, mit denen sie sowohl im Geschäftshaus
als auch im Hafen sicher stöckelt, verkörpert sie eine Mischung
aus sportlichem Kumpel und Dame der Gesellschaft. Ob auf
Gesellschaftsempfängen oder auf Containerbrücken, überall

macht Carola Zehle eine gute Figur. Aber sie trägt ihre Macht nicht vor sich her.

Einst besaß Hamburg in seinem Kaufherrn Cesar Godeffroy einen »König der Südsee«. Willy Bartels, der »König von St. Pauli«, wie ihn die Boulevard-Presse taufte, ist 2007 mit 92 Jahren verstorben. Aber vielleicht haben wir stattdessen eine »Königin des Hafens«. Sie residiert nicht weit von dem Haus, in dem im 17. Jahrhundert eine echte, wenn auch abgedankte Königin lebte, die von Hamburg aus versuchte, sich einen neuen Thron zu erobern: Christina von Schweden, die gerne Königin von Polen geworden wäre und potente Geldgeber wie den Bankier Teixeiras in Hamburg aufsuchte. Carola Zehle, Nachfahrin eines Compagnons des Firmengründers Carl Tiedemann, führte den väterlichen Betrieb nach seinem Tod erfolgreich fort – ohne abzudanken. Und wie es sich für Königinnen gehört, wird sie den Betrieb an ihre Söhne weitergeben.

Carola Zehle, gelernte Schiffsmaklerin, ist nicht nur erfolgreiche Geschäftsfrau, sondern auch dreifache Mutter. Allerdings zweimal geschieden. Es drängt sich die Vermutung auf, dass es nicht leicht ist, mit einer Löwin, Königin, Powerfrau verheiratet zu sein. Umgekehrt wünschen sich Powerfrauen vielleicht einen Mann, der ihnen gleichberechtigt Paroli bietet – und dann geht es schnell schief, wenn jeder etwas durchsetzten will und im Interesse einer Firma auch muss. Dann hat nur noch einer das Sagen und schon ist die Gleichheit nicht mehr gegeben. Doch genug der Spekulation.

Carola Zehle ist eine echte Hamburger Deern, am 19. März 1947 geboren, im kältesten Nachkriegswinter. Sie ist in Eppendorf groß geworden, einem Stadtteil, der ihr immer noch sehr gefällt, auch wenn sie inzwischen in Othmarschen lebt. Einschneidend war für sie der Verlust ihres Vaters Carl Schramm mit 12 Jahren. Ihr Vater war oft mit ihr im Hafen herumspaziert, mit ihm lernte sie schon früh die kernigen Kerle kennen, die dort arbeiteten und denen sie ganz unbefangen begegnen konnte. Und sie durfte schon als kleines Mädchen eine Barkasse auf ihren Namen taufen. Ihr Vaterbild ist verbunden mit Schiffen und der Elbe und beides hat ihr Leben bestimmt. So wie Carola Zehle von ihrem Vater spricht, dessen Position sie sich hart erarbeitete, ohne von ihm lernen zu können, hatte er eine wichtige Vorbildfunktion für sie inne.

Dass Seefahrt romantisch ist, diese Meinung hat Carl Schramm nicht mehr vertreten. John Rehr, Neffe des Firmengründers Carl Tiedemann und Ehemann von Schramms Schwester Emmy, bildete zunächst mit Tiedemann, dann mit Emmy Rehr und Carl Schramm zusammen lange das leitende Gremium der Firma. Carl Schramm übernahm die Stauerei Carl Tiedemann noch im Dampfschiffzeitalter. Von den Schlepperdiensten hatte sich die 1879 gegründete Firma schon 1905 getrennt, jetzt ging es ums Be- und Entladen der Schiffe.

Ende der sechziger Jahre begann der Siegeszug der Container und der Containerumschlag entwickelte sich seit 1969 unter der Leitung von Carola Zehle, die 1968 in die Firma eingetreten war, zur Erfolgsgeschichte.

Natürlich gab es auch Zeiten der Stagnation. Anfang der achtziger Jahre stand es nicht so gut um den Hamburger Hafen wie heute. Durch die Öffnung nach Osten hat Hamburg als Umschlaghafen jedoch enorm profitiert. Die Kooperation mit der stadtstaatlichen Hamburger Hafen- und Lagerhaus-AG seit 1988 brachte neuen Aufschwung. Als es darum ging, den Transrapid zwischen Hamburg und Berlin zu bauen, war Carola Zehle dafür. Schließlich wären dann die alten Bahntrassen für den Güterverkehr nutzbar gewesen. Aus dem Hamburger Hafen, wo die Waren aus Fernost und der ganzen Welt anlanden, geht es auf dem Schienenwege weiter in Richtung Osten und Binnenland. Nach dem Scheitern der Transrapid-Strecke mussten andere Infrastrukturen aufgebaut werden. Seit Mai 1997 ist Carola Zehle auch Geschäftsführerin des Unikai-Hafenbetriebes.

Zum Geschäft gehört der Containerservice, vor allem das Laschen – das Befestigen der Container an Bord –, ein Reparaturdienst, aber auch Spedition, Luftfrachtabfertigung und Verschiffung ins Binnenland. Die Stauerei Carl Tiedemann hat heute 14 Niederlassungen, darunter fünf in Hamburg, aber auch in Bremen, Antwerpen, Izmir, in Budapest und Duisburg. Carola Zehle ist Chefin von 660 Mitarbeitern, der Umsatz der Firma betrug 2006 61 Millionen Euro. Mit solchen Zahlen zu jonglieren, bereitet Carola Zehle keine Schwierigkeiten, sie hat ein Auge für Zahlen, Statistiken und grafische Aufstellungen und findet sofort Unstimmigkeiten. Stolz erwähnt sie ihr fotografisches Gedächtnis. Und sie ist auch fähig, unpopuläre Maßnahmen durchzusetzen – eine unverzichtbare Managerqualität. Fast 85 Prozent der Kosten ihrer Firma sind Personalkosten. Also hat sie sich mit den Gewerkschaften angelegt und dreimal den Rahmentarifvertrag für die deutschen Seehäfen gekündigt. Und die Gewerkschaften gezwungen nachzugeben. In den neunziger Jahren war sie sogar einmal für ein Senatorenamt im Gespräch.

Auf ihr Verhältnis zur Macht angesprochen, vertritt sie die Meinung, dass es wichtig ist, die Macht zu ergreifen, die in einer Position liegt. Sonst tun es andere und es läuft vielleicht nicht so, wie man es gern möchte. Als eine der wenigen Frauen, die im Hafen eine leitende Position ausübt, ist sie es gewohnt, mit Männern zu arbeiten. Trotzdem bedauert sie, dass Frauen sich beruflich oft nicht genug zutrauen und deshalb in Führungspositionen weniger anzutreffen sind. Frauen sollten selber sagen, dass sie mehr möchten, bereit sind, mehr Arbeitsverantwortung zu tragen, dass sie auf der Karriereleiter aufsteigen wollen. Männer machten das schließlich auch. Schüchternheit bringt gar nichts, stellt Carola Zehle fest.

Sie hat trotz analytischem Verstand und rechnerischem Denken weibliche Hobbys: kauft und trägt gern Hüte und hat eine Leidenschaft für schicke Schuhe, sammelt Kunst, die ihr gefällt, auch Puppen und liebenswerten Schnickschnack, wie Blankeneser Milchtöpfchen oder Souvenirs aus aller Welt.

Manchmal bei gutem Wetter fährt sie mit Inline-Skates an der Elbe entlang nach Hause, dabei blickt sie mit besonderem Stolz zur Cap San Diego, bei der sie Anteile an der Betreiber-Gesellschaft hat. Alles, was den Hafen betrifft, liegt ihr am Herzen.

Im Hafen-Report vom 17. Juli 2007 ist ein Artikel überschrieben: »Ich war auch gerne Hausfrau«. In den zwei Jahren, die sie der Kinder wegen die Geschäftsführung ausgesetzt hatte, betreute sie außer ihren drei Kindern auch noch zwei aus der ersten Ehe ihres Mannes. Sie ist eine praktische Frau, näht, schneidert und kocht gern und gut, wenn es auch schnell gehen soll. Die Liebe zum Eintopf kommt ihr auch auf dem Segelboot zugute. Im Sommer befindet sie sich fast jedes Wochenende auf der Ostsee, am liebsten allein als Einhandseglerin, mit voller Verantwortung für die Bootsführung. Auf dem Meer kann sie lesen, träumen und auch – die moderne Technik ermöglicht es – arbeiten. Allein, mit der Familie oder Freunden nimmt sie den Weg über die Schlei in die Ostsee und macht Besuche in Dänemark. Aber lange Segeltouren liebt sie am meisten. Mit ihren Kindern hat sie 1992 eine große Tour über den Atlantik unternommen. Auch die Teilnahme an einer Segelregatta ist für sie ein Abenteuer. Südengland oder die Karibik gehören zu ihren bevorzugten Zielen. Doch ihr Traum ist ein Segeltörn durch den Pazifik, und falls sie sich doch irgendwann entschließen sollte, ganz aus dem Geschäft auszusteigen – ihre Söhne sind ja bereits eingearbeitet –, kann das große Abenteuer beginnen ...

LITERATUR

DEHMEL, IDA
- Bab, Julius: Richard Dehmel. Leipzig 1926.
- Dehmel, Richard: Ausgewählte Briefe aus den Jahren 1902 bis 1920. Berlin 1923.
- Höpker-Herberg, Elisabeth: Frau Isi. In: Year Book of the Leo Baeck Institute. New York 1967.
- Schiefler, Gustav: Eine Hamburgische Literaturgeschichte 1890–1920. Hamburg 1985.
- Wegner, Matthias: Aber die Liebe. Der Lebenstraum der Ida Dehmel. München 2000.

DIETRICH, AMALIE
- Bake, Rita; Mitarb. Wilfried Rottmann: Wer steckt dahinter? Hamburgs Straßen, die nach Frauen benannt sind. 2., aktual. Aufl. Hamburg 2000.
- Bischoff, Charitas: Amalie Dietrich. Ein Leben. Berlin 1940.
- Bischoff, Charitas: Bei Nagels. In: Herr im Hause. Hg. von Eva Kaufmann. Berlin 1989.
- Knecht, Susanne: Eliza Fraser. Schiffbruch vor Australiens Küsten. Hamburg 2002.
- Riedl-Dorn, Christa: Amalie Dietrich. Ein Leben für die Natur. In: Ariadne 39, 2001, S. 38–43.

- Sumner, Ray: Amalie Dietrich's Australian Botanical Collections. In: Amalie Dietrich (1821–1891). German Biologist in Australia. Stuttgart 1988.

DÖNHOFF, MARION GRÄFIN
- Dahrendorf, Ralf: Liberale und andere. Stuttgart 1994.
- Dönhoff, Marion: Menschen, die wissen, worum es geht. Hamburg 1976.
- Dönhoff, Marion: Namen, die keiner mehr nennt. Düsseldorf 1962.
- Dönhoff, Marion: Um der Ehre willen. Berlin 1994.
- Dönhoff, Marion: Was mir wichtig war. Berlin 2002.
- Kuenheim, Haug von: Marion Dönhoff. 3. Aufl. Reinbek b. Hamburg 2002.
- Schwarzer, Alice: Marion Dönhoff. Ein widerständiges Leben. Köln 1996.

HEYMANN, LIDA GUSTAVA
- Dünnebier, Anna; Ursula Scheu: Die Rebellion ist eine Frau. Anita Augspurg und Lida G. Heymann. Das schillerndste Paar der Frauenbewegung. München 2002.
- Gerhard, Ute: Unerhört. Die Geschichte der deutschen Frauenbewegung. Reinbek 1990.
- Henke, Christiane: Anita Augspurg. Reinbek b. Hamburg 2000.
- Heymann, Lida Gustava in Zusammenarbeit mit Anita Augspurg: Erlebtes – Erschautes. Hg. von Margit Twellmann. Meisenheim am Glan 1972.

– Himmelsbach, Christiane: »Verlaß ist nur auf unsere eigene Kraft«. Lida Gustava Heymann – eine Kämpferin für die
Frauenrechte. Oldenburg 1996.

JAHR, ANGELIKA
– Jahr-Stilken, Angelika: Der Marterpfahl der Macht: Vom spie-
lerischen Umgang mit der Macht. In: Illner, Maybrit (Hrsg.):
Frauen an der Macht. München 2005.

KLOPSTOCK, META, GEB. MOLLER
– Geschichte der Meta Klopstock in Briefen. Hg. von Franziska
u. Hermann Tiemann. Bremen 1962.
– Hamburg. Ein Städte-Lesebuch. Hg. von Eckart Kleßmann.
Frankfurt a. M. 1991.
– Hoff, Dagmar von; Ulrike Vedder: Hamburger Autorinnen
durch die Jahrhunderte. In: Hamburger Jahrbuch für Litera-
tur 5, 1996/97, S. 410ff.
– Hurlebusch, Klaus: Friedrich Gottlieb Klopstock. Hamburg
2003.
– Rühmkorf, Peter: Walther von der Vogelweide, Klopstock und
ich. Reinbek 1975.
– Sichelschmidt, Gustav: Dichter und ihre Frauen. Düsseldorf
1993.

MAU, LEONORE
– Braun, Peter: Die doppelte Dokumentation. Fotografie und
Literatur im Werk von Leonore Mau und Hubert Fichte.
Stuttgart 1997.

- Fichte Hubert: Forschungsbericht. Frankfurt a. M. 1989 (Geschichte der Empfindlichkeit, Bd. 15).
- Fichte, Hubert: Hotel Garni. Frankfurt a. M. 1987 (Geschichte der Empfindlichkeit, Bd. 1).
- Schoeller, Wilfried F. (Hrsg.): Hubert Fichte und Leonore Mau. Der Schriftsteller und die Fotografin. Eine Lebensreise. Frankfurt a. M. 2005.

MEYER-GERSTEIN, SENTA
- Meyer-Gerstein, Senta: Zäher Überlebenskampf gegen Konsulats- und Gestapo-Bürokratie. In: Fremd in der eigenen Stadt. Jüdische Emigranten aus Hamburg. Hg. von Charlotte Ueckert-Hilbert. Hamburg 1989.
- Ueckert-Hilbert, Charlotte: Senta Meyer-Gerstein – eine Hamburger Jüdin in der Emigration. In: Hamburger Jahrbuch für Geschichte. Bd. 1, 1988.
- Weichmann, Elsbeth: Zuflucht. Jahre des Exils. Hamburg 1983.

MILOW, MARGARETHE
- Milow, Margarethe E.: Ich will aber nicht murren. Hg. v. Rita Bake u. Birgit Kiupel. Bd. 1: Mein Leben. Ein Vermächtnis für meinen Mann und meine Kinder. T. 1. Bd. 2: Sach- und Gefühlslexikon. Hamburg 1987.

PAULSEN, CHARLOTTE
- Bake, Rita; Reimers, Brita: Stadt der toten Frauen. Hamburg 1997.

- Grolle, Inge: Die freisinnigen Frauen. Bremen 2000.
- Liecks, Fritzi: Charlotte Paulsen, geb. Thornton. In: 100-Jahr-Feier in der Charlotte-Paulsen-Schule. Hamburg 1949.

ROGGE, LOLA
- 75 Jahre Lola Rogge Schule. Hamburg 2002.
- Bake, Rita; Reimers, Brita: Stadt der toten Frauen. Hamburg 1997.
- Maack, Rudolf: Tanz in Hamburg. Hamburg 1975.
- Meyer-Rogge, Hans: Der Königsschreiber. Hamburg 1952.
- Peters, Kurt: Lola Rogge – eine musische Insel der Tanzkultur. Die Tanzarchiv-Reihe 3. Hamburg 1964.
- Stöckemann, Patricia: Lola Rogge. Pädagogin und Choreographin des Freien Tanzes. Wilhelmshaven 1991.

SÖLLE, DOROTHEE
- Christiansen, Theo; Thiele, Johannes: Dorothee Sölle im Gespräch. Stuttgart 1988.
- Mundzeck, Heike:»Als Frau ist es wohl leichter, Mensch zu werden«. Gespräche mit Dorothee Sölle u. a. Reinbek 1984.
- Sölle, Dorothee: Gegenwind. Erinnerungen. Hamburg 1995.
- Sölle, Dorothee: Im Hause des Menschenfressers. Texte zum Frieden. Reinbek 1981.
- Sölle, Dorothee: Mystik und Widerstand. Hamburg 1997.
- Sölle, Dorothee: New Yorker Tagebuch. Zürich 1987.
- Sölle, Dorothee; Schottroff, Luise: Den Himmel erden. München 1996.
- Sölle, Dorothee; Schottroff, Luise: Jesus von Nazareth. München 2000.

SUSMAN, MARGARETE
- Bendemann, Erwin von: Margarete Susman im Licht ihrer Korrespondenz. Unveröff. Ms. o.J.
- Ruben, Margot (Hrsg): Karl Wolfskehl – Margarete Susman. Briefe. In: Castrum Peregrini. Amsterdam 1972, S. 20–72.
- Schlösser, Manfred (Hrsg): Auf gespaltenem Pfad. Für Margarete Susman. Darmstadt 1964.
- Susman, Margarete: »Das Nah- und Fernsein des Fremden«. Essays und Briefe. Hg. v. Ingeborg Nordmann. Frankfurt am Main 1992.
- Susman, Margarete (Ps. Reiner): Feuer. In: Der Aufbau, Bd. 19,46; 18./25.11.1938.
- Susman, Margarete: Ich habe viele Leben gelebt. Erinnerungen. 2. Aufl. Stuttgart 1964.
- Susman, Margarete: Vom Geheimnis der Freiheit. Darmstadt 1965.
- Susman, Margarete (Ps. Reiner): Von der Emigration. In: Der Aufbau. Sozialistische Wochenzeitung. Zürich, Bd. 22,12; 21.3.1941.
- Ueckert, Charlotte: Über Margarete Susman: Annäherung an ein »Zentrum ohne Peripherie«. In: Herzig, Arnold (Hrsg.): Die Juden in Hamburg 1590–1990. Hamburg 1991, S. 263–274.

WOHLWILL, GRETCHEN
- Bake, Rita; Reimers, Brita: Stadt der toten Frauen. Hamburg 1997.
- Wohlwill, Gretchen: Lebenserinnerungen einer Hamburger Malerin. Hamburg 1984.

ZEHLE, CAROLA
– 100 Jahre Carl Tiedemann. Chronik. Hamburg 1979
– »Ich war auch gerne Hausfrau«. In: Hafenreport 07, Juli 2007, S. 18 – 19.

DRUCKNACHWEIS

»Margarete Susman (1872–1966)« – Neubearbeitung der Aufsätze: »Margarete Susman: Leben als Exilerfahrung« (in: Gegengift, Zeitschrift für Kultur. Sept./Okt. 1993, S. 26–34) und »Über Margarete Susman: Annäherung an ein ›Zentrum ohne Peripherie‹« (in: Die Juden in Hamburg 1590–1990, hg. von Arnold Herzig, Hamburg 1991, S. 263–274).

BILDNACHWEIS

S. 12: Meta Klopstock: Porträt von Dominicus van der Smissen, Stiftung Historische Museen Hamburg | Museum für Hamburgische Geschichte

S. 26: Margarethe Milow: Staatsarchiv Hamburg

S. 36: Charlotte Paulsen: Charlotte-Paulsen-Gymnasium, Foto: Jörg Otto Meier

S. 48: Amalie Dietrich: Herbarium Hamburgense der Universität Hamburg

S. 60: Lida Gustava Heymann: Bundesarchiv, Bild 146-1987-143-05

S. 76: Ida Dehmel: SUB Hamburg: DA: Foto Ida Dehmel: 56

S. 92: Margarete Susman: Foto: Adolf Häsler, aus: Manfred Schlösser (Hg.),»Auf gespaltenem Pfad«

S. 104: Gretchen Wohlwill, um 1955: Foto: Ingeborg Sello

S. 114: Senta Meyer-Gerstein: privat

S. 124: Lola Rogge, um 1931: Foto: Anny Breer

S. 136: Marion Gräfin Dönhoff: ullstein bild/Sven Simon

S. 146: Leonore Mau: Selbstporträt, © Leonore Mau

S. 156: Dorothee Sölle: Charlotte Ueckert

S. 168: Angelika Jahr: G+J/Richard Stradtmann

S. 178: Carola Zehle: Stauerei Carl Tiedemann

Der Verlag bedankt sich bei den Rechteinhabern für ihr freundliches Einverständnis zum Abdruck.
Wir haben uns bemüht, die Inhaber aller Bildrechte zu ermitteln. Sollte dies nicht in jedem Fall gelungen sein, bitten wir um Mitteilung an den Verlag.